# 恋ひ死なむ

殉愛のキリスト者 手島郁郎

毛利恒之
Tsuneyuki Mohri

ミルトス

恋ひ死なむ　後《のち》を思はで生き狂ひ
死に狂ふとも愛に仆《たふ》れむ

手《て》島《しま》郁《いく》郎《ろう》
（一九一〇〜七三）

愛とはキリストの別名である

恋ひ死なむ／目次

はしがき　シナイ山の奇しき雲　9

第一章　いのちの危機に　29
「神様、助けてください」／危機に光射す／大いなる計らい

第二章　愛に渇いて　43
父祖の地、熊本で／母の愛に飢えて／劣等感に悩む／キリストの愛を求めて

第三章　殉教《じゅんきょう》の血を嗣《つ》ぐもの　65
長崎高商に学ぶ／光に包まれる／若き日の挫折

第四章　信仰の苦悩の中から　75
内村鑑三の『求安録』にふれて／無教会の聖書研究会をひらく／ボーイズ・ビー・アンビシャス
第五章　戦火燃ゆるとき　91
非戦論講演会を主催／いのちの危機を越えて／反骨の精神的風土
第六章　時の荒波を越えて　103
実業人として活躍／大波乱のとき
第七章　阿蘇の荒野の果てに　113
日本をどう復興するか／危機に追い込まれて／阿蘇　荒野の召命

第八章　独立伝道の茨道《いばらみち》　127
我が道をゆく／信仰誌『生命の光』創刊／「異言」と「神癒」／
反発と非難のなかで

第九章　一九五〇年夏、阿蘇　151
なにが本当のキリスト教か／力尽き果てたとき／奇しき兆し

第十章　聖霊降《くだ》る秋《とき》　173
癒しの不思議／信仰の基《もとい》『聖霊の愛』／予言は真か偽か／
小さき群れなれど／滝見荘でなにが起きたか

第十一章　ペンテコステの火　197
歴史は繰り返す／犠牲《いけにえ》、天に召されて／これは真実である

第十二章　我ら進みゆくべし　219
生けるキリストを証しして／使徒的伝道の旅へ／死に狂ふとも
愛に仆《たふ》れむ／日本よ、永遠なれ

あとがき　ガリラヤ湖の明けの星　249

主なる参考・引用文献　275

# はしがき　シナイ山の奇しき雲

「十戒」の聖地 シナイ山（エジプト）

不思議な旅をした。天来の計らいがあったのだろうか。そう思われてならない。

二〇〇六年九月二十九日、朝。エジプトはシナイ半島の南端の海浜都市、シャルム・エル・シェイクを車で発つ。

一路、旧約聖書『出エジプト記』の「十戒《じっかい》」の聖地といわれるシナイ山をめざす。天空に雲ひとつなく、紺碧《こんぺき》の快晴。強烈な陽射しが目を灼《や》く。砂漠のなかの炎熱の道を、スエズ湾ぞいに北西へひた走り、右折して内陸へ入る、三角形の長い二辺を迂回《うかい》するおよそ三百キロの道程《みちのり》である。

マイクロバスに、東京からきたキリスト聖書塾の映像班のスタッフ五人と、同行する私。さらに、エジプト情報省の監視官《インスペクター》、コーディネーター、ガイドらエジプト側の五人が乗り込んでいる。

運転席の助手席に、黒いスーツを着込んだ長身の青年がひとり。カイロから同行している彼は紹介されず、寡黙で、だれともことばを交わさない。

(何者か……?)

ふと、黒いスーツの下に腰の自動短銃《サブマシンガン》と弾倉帯がちらと見えたとき、警護官《セキュリティー・ポリス》(SP)だ、とさとる。

（ここは、テロの危険が潜む地だ）

折から、一と月前の八月三十日、イスラエル政府はシナイ半島でテロ発生の高度の危険情報があるとして、イスラエル人全員の緊急退去を呼びかけた。オーストラリア外務貿易省も同日、シナイ半島でテロ攻撃を示唆する情報があると警戒情報を発し、九月一日には日本の外務省も、エジプトの、なかでもシナイ半島について、テロの脅威に関する注意喚起のスポット情報を出していた。

シナイ半島では、アルカイダ系の国際テロ組織が暗躍しており、三年来、観光客など外国人を標的にしたテロ事件が相次いでいた。前年七月にはシャルム・エル・シェイクで三件、この年四月には海浜都市のダハブで三件など、連続爆弾テロが続発して、数十人規模、百人規模の死傷者が出ている。

テロリスト側は声明で、日本も攻撃の対象とするとし、日本企業および日本人を狙《ねら》っていることを示唆していた。

私たちの車は、各地点で幾度も厳しい検問を受ける。

やがて、車は内陸へ――。三千数百年の昔、旧約聖書『出エジプト記』が記《しる》す、預言者モーセ（モーゼ）に率いられてエジプトを出た、イスラエルの民が進んだであろう砂漠のなかを行く。

峨々《がが》たる灰褐色の岩山が連なる山間《やまあい》へ進み、曲折の多いゆるやかな上り勾配《こうばい》がつづく。ときおり行き交う車のほかに、見わたすかぎり人影がない。

行く手の道ぞいの荒地に、山羊《やぎ》の群れをつれた遊牧の民、ベドウィンの女の姿が見えた。木内敏介カメラマンが車を停めて下車し、女と山羊にレンズを向けた。女はカメラを嫌って、アカシアの木陰に腰をおろして近づこうとしない。

そのありさまをメモするために、私はデジタルカメラで二、三カット撮った。すると、急に右目に強い痛みをおぼえた。車内にもどって目薬をさすが、痛みは止まらない。

やむなく、静かに瞑目《めいもく》していると、心のうちに、浮かびあがってきたことばがある。

(目を閉じよ。心を散らすな)

はっと思い当たるものがあった。

このたび、シナイ山へ行く第一の目的は、旧約聖書の舞台を撮影すること。二十世紀半ば、敗戦後の荒廃した祖国日本の精神的復興をねがって、「キリストの幕屋」を起こしたキリスト者・手島郁郎《てしまいくろう》(一九一〇〜七三)に関する記録映像を制作するためである。

その祈り、火のごとき手島郁郎を書き表わすには、なまなかの力ではできない。初めてシナイ山へ行く私は、ひそかに心のうちに期するものがあった。

ねがいは、シナイ山を見ることではない。登ることではない。シナイ山という聖地に身を置いて、インスパイアされること。すなわち、霊感を受けること。信仰の至らない私は、聖なる大地でなんらかの天の啓示を受けたい、と思う。

——目を閉じる。耳を澄ます。心を澄ます。そして、魂になにが響いてくるか。

魂に響いてくるものを受けとめるには、シナイ山の聖なるものに心を向け、集中して行かなければならない、と考えてきた。

にもかかわらず、道すがら、ベドウィンの女と山羊につい心を散らした、と思い当たる。

(徒《いたずら》に見るな。心を散らすな)

そう心のうちに反芻《はんすう》する。いつしか、目の痛みが消えていた。

シナイ山、そして、預言者モーセといえば、往年のアメリカ映画の超大作『十戒』(セシル・B・デミル監督、一九五八年日本公開)のスペクタクル・シーンを思い起こすひとも少なくないだろう。シナイ山で大掛かりなロケ・セットが組まれ、チャールトン・ヘストンがモーセを演じた。

柴《しば》の燃える火のなかに、「イスラエルの民を救え」という神の声を聞いたモーセは、エジプトで奴隷とされて苦しんでいたイスラエルの民を解放した。王《ファラオ》の軍勢に追われるイスラエルの民の前に、海が割れて脱出の道がひらく。

かずかずの奇跡に助けられ、さまざまの苦難を越えて、イスラエルの民はシナイ山をのぞむミデアンの荒野に到達する。

モーセは、雲におおわれたシナイ山の頂に登り、神に、民が守るべき十の戒律「十戒」を授かる。

十戒はユダヤ教、そしてキリスト教、イスラム教の教えの根源となる。

そのシナイ山へ行くに当たって、私は旧約聖書『出エジプト記』を読み直して感じる。この旅のキーワードは「雲」である。

雲を仰ぎ、雲に感じる者でありたい。

主はモーセに言われた、「見よ、わたしは濃い雲のうちにあって、あなたに臨むであろう」(出エジプト記一九・九)

聖書によれば、シナイ山の頂をおおう雲に神は在《いま》し、モーセに臨み、十戒を授けた。ミデアンの荒野に宿営する、イスラエルの民の幕屋(天幕の仮庵《かりいお》)の上に雲の柱が立ちのぼる。その雲の柱の動きに導かれ、夜は火の柱に照らされて、彼らは神の約束の地、乳と蜜《みつ》の流れるカナン（イスラエルの地）をめざした。

　聖書において、雲は神の臨在を象徴している。

　年間降雨量がわずか五十ミリにも満たないという、ほとんど雨の降らない乾燥しきった砂漠と岩山のシナイで、いま、そんな雲を見ようとは、望むべくもないこと。ましてや、快晴の日。シナイ山の頂に雲を仰ぐなど、ありえない、と知りつつ、なお、瞑目しては、山上の雲をイメージし、シナイ山でインスパイアされることをねがってきた。

　雲を見せてください、と祈るのではない。目には見えずとも、山上に神の臨在――雲を感じる者でありたい、というねがいであった。

　もし、シナイ山の周辺に雲があれば、撮影しておきたい、と私はエジプトへ向かうスイス航空の機内でもスタッフに話した。

　午後二時すぎ。ようやく、ミデアンの荒野に達して、東にシナイ山が見えてきた。あたりに雲はない。

　巨大な花崗岩《かこうがん》の褐色の山塊が、険しく屹立《きつりつ》し、あたりを圧している。私は、シナイ山に正対し、仰ぎ見るまで、あえて目を注ぐまいと思う。

　ミデアンの荒野は、海抜およそ千五百メートルの高地である。私たちは、シナイ山の西の麓《ふもと》にあるホテル、カテリーナ・プラザ・ビレッジに入る。

私たちは、シナイ山を北西から間近にのぞむ位置にいる。やがて夕陽が射すと、シナイ山の山肌は、青空を背景に一段と赤褐色に映える。それを撮影のタイミングとしたい。しかし、陽が傾くと、西にある山の影がシナイ山を陰らせる。

撮影に適した時間は短い。

午後四時、撮影器材を持ってホテルの門を出た、そのとき――。

「雲だっ！」

木内カメラマンが叫んだ。同時だった。シナイ山を振り返り、私は絶句していた。

山の頂に載《の》るがごとく、白い雲が――。

おおっ、とだれかが声を上げた。

「雲の冠《かんむり》だ！」

まさに、シナイ山上に顕現した、雲の冠に見える。

――神は徴《しるし》を示された！

今、奇跡を見ている、と感じる。目頭が灼《や》かれるように熱く、涙ぐむ。うちに、わっ、と熱いものが湧き起こって、かつてない不思議な感覚に身を包まれた。

しばし、我を忘れて、時間の経過も、なにを口走ったかも定かでない。

（神よ、感謝します）

ただ神への感謝がうちにあふれ、欣《よろこ》びが満ちみちる。うれしい。なにか浮き立つような思い。なぜか、すべて、佳《よ》し、と感じる。

山上の雲は、ほどなく薄れ、流れて消えた。

空はどこまでも蒼《あお》く、あたりに一片の雲もない。


ホテルを出て、シナイ山の方へ二百メートルほども行くと、右手に小高い砂丘状の地があった。その稜線《りょうせん》に立てば、西陽に映えるシナイ山を、間近に真向かいに仰げる。

私はその丘にのぼり、顔をあげてシナイ山を仰ぎ見る地に立った。

（ここは、聖なる地である）

そう感じる。靴を脱ぎ、砂礫《されき》の上に座して、合掌《がっしょう》する。

山に向かって、目を閉じる。耳を澄まし、心を澄ます。なにが魂に響いてくるか――。

ところが、遠くからコンクリート・ミキサーのような騒音が聞こえてきた。やむ気配がない。

雑念を絶ち、一心に集中しようとするができない。

やむなく、瞑想《めいそう》をあきらめて、天に向かってただ感謝を捧げる。祈り終わって、目をあけて立つ。山を見つめる。

異形《いぎょう》とも思える、峨々とした岩の山肌に目を凝《こ》らしていると、奇怪《きっかい》な人の顔のようなものがいくつか見えてきた。とたんに、両目に激しい痛みが走った。痛みとともに涙が湧いた。同時に、あのことばがよみがえった。

(徒に見るな。心を散らすな)

雑音にとらわれて瞑想できず、さらに徒に山を見て雑念をいだいた。シナイ山を前にして、見るべきは山ではない。

この地の聖なるもの——見えないものにこそ目を注ぐべきだ、と反省する。

いつしか、目の痛みを忘れていた。

＊

翌日も晴天。昼すぎ、撮影スタッフはシナイ山の山頂(標高二二八五メートル)へ登る。山上からシナイの山々の夕景を撮り、山頂で夜を過ごして、翌朝の日の出と朝日に映える山々を撮影する。

一行のなかで、私が最年長(七十三歳)である。私は血圧管理をしてもらっている主治医から、登頂は控えるように言われてきた。でも、途中、休み休みして、できれば登頂しようと思う。

この日も陽射しが烈《はげ》しく、暑い。

シナイ山の北の山すそに、千数百年の歴史を秘める聖カテリーナ修道院がある。その裏手から、東へぬけて、岩場のなかをジグザクにつづく山道を登る。

ラクダに乗ることをすすめられたが、私は歩くことを選んだ。ストックをついて、石と砂礫の坂をゆく。山道は次第に険しさを増す。胸が苦しい。一度、二度、足を休めて、呼吸を整える。

岩の山腹を伝って山の東側へまわり、半ばぐらいまで登ったとき、ガイドが指さした。

「山頂が見えます」

逆光で暗く陰った断崖。ふり仰ぐ頂に、石造りのチャペルが小さく見えた。そのすぐ上に、強烈な陽光の輝きがあって、直視できない。

スタッフのひとりが双眼鏡を差し出した。そのとき、突然、私の胸にひとつのフレーズがフラッシュ・バックした。『太陽を見つめろ』――。かつて、NHKラジオのために書いたドキュメンタリー・ドラマである。

ところは、長崎県平戸《ひらど》島のキリシタン殉教の浜、根獅子《ねしこ》。戦争で空襲が激化するなか、対空監視哨《しょう》の監視員に徴用された島の青年は、佐世保《させぼ》軍港から来た海軍士官に命じられる。

「太陽の方角からくる敵機を見落とすな。太陽のあたりをよく見よ」

純朴な青年は双眼鏡を手に、忠実にその命に従い、陽光で目を灼かれて失明した。

またも、あのことばが胸によみがえる。

(徒に見るな。心を散らすな)

見てはならない、と反芻する。

しばらく、その場でみな休憩した。

「登りますか、どうされますか」

田島良郎プロデューサーに問われたとき、私はすぐ返答ができなかった。目を閉じて考える。

登頂したら、私はなにを見るだろう。シナイの落日、そして、日の出。その美しさに目を瞠《みは》り、シナイの山々の荘厳さに感じ入るだろう。しかし、真に見るべきは、なにか。そんなことを自問する。

(頂に登るな)

声ならぬなにかが、なぜか、心のうちに湧く。ここで下山しよう、と決める。

いささか悔いを残しながら、スタッフと別れて、陰った岩の山腹をたどるジグザグの道を下る。

やがて、下降していく彼方に、聖カテリーナ修道院が小さく見えてきた、そのとき――。

私は息をのみ、目を奪われた。

（雲の柱……！）

修道院の向こうにわずかに見えるミデアンの荒野。その上空に、白い雲が一筋、まさに立ちのぼっているように見える。衝撃を受けて、私は足を止めた。

雲に見入る。ミデアンの荒野で、イスラエルの民の幕屋の上に立ちのぼったという雲の柱を想う。


主は彼らの前に行かれ、昼は雲の柱をもって彼らを導き、夜は火の柱をもって彼らを照らし、昼も夜も彼らを進み行かせられた。（出エジプト記一三・二一）

頂に登るな、という声ならぬなにかを感じ、下山してきたのは、この雲を目にするためだったのだ。翻然《ほんぜん》と、そう感じる。

この雲は、なにを意味しているのだろう。「これを歩め」という天の声か――。

奇しくも、天は雲の冠と雲の柱を示された。これは天啓である、と感じ、粛然とした思いに撃たれて、歩き出せない。声も出ない。

シナイ山上の雲を見たときの、欣《よろこ》びの浮き立つような感情とは異なる、ずしりと重いものを負った感じである。これから、どう生きるべきか、というような重い命題である。

「これが道なり。これを歩むべし」

このことばが思い浮かぶ。

歩むべし、歩もう、と私は思う。この道を、さらに前へ――。

次いで、山を下りた私の前に、かつて見たこともない、思わぬ光景が展開する。

ミデアンの荒野に宵闇《よいやみ》が迫ると、炎《ほのお》のようにも見える紅《あか》い雲が、昏《く》れる天空に立ちのぼった。(カバー表紙写真参照)

私は不思議な思いに包まれ、仰ぎ見て立ち尽くした。

『出エジプト記』が記す「火の柱」は、紅い雲であったろう、という解説をかつて読んだことを思い起こす。

夕には、幕屋の上に、雲は火のように見えて、朝にまで及んだ。(民数記九・一五)

（ああ、火の柱……！）

思わず感嘆の声をもらす。

極北の夜空のオーロラを想わせる、妖《あや》しくも美しい、常ならぬ景観《スペクタクル》に、私は驚異を感じ、天の大いなるものに畏《おそ》れをおぼえた。

＊

その夜、深更、私はホテルの部屋を出た。世界各国から来た聖地巡礼の宿泊客はみな寝静まり、外に人影はない。

空は満天の星かと思ったが、星は見えず、上弦の月はすでに西の山の端《は》に没していて、月明かりもない。闇が深い。

不気味なほどの静寂のなか、私はホテルの敷地の一隅にひとり佇《たたず》み、真向かいの黯《くろ》いシナイ山に正対する。しかし、黯い山は闇に溶け込んで、まったく見えない。

私は瞑目し、見えないものに思いを注ぐ。黯い世界になにが感じられるか。

胸のうちに湧いてきたのは、天への感謝の念である。

この二日間に、私は奇しきものを見た。この地に、いま、こうして立っていることが不思議に思える。

キリスト者・手島郁郎の伝道の生涯をえがく、記録映像の制作に関わることがなかったら、私はこの地に来るはずもなかった。

その第一部『手島郁郎の記録　幕屋の夜明け』はすでに制作を終え、次なるものの制作のために来た。

手島郁郎は、熊本の阿蘇《あそ》山中で、天よりの召命《しょうめい》の黙示《もくし》を受けて、伝道者として立った。

「これが道なり。これを歩むべし」

そのとき黙示された、旧約聖書『イザヤ書』三〇章の聖句に、このことばがあった。

その伝道者・手島郁郎をえがくために、私はここに来た。これには、天来の大いなる計らいが働いている、と感じたとき、

(汝、書くべし)

と心に迫るものがあった。

私は非力《ひりき》ながら、書くこと、創《つく》ることを、ときに、天職と感じることがある。二十年ほど前から、時折、書くべし、と心に迫ってくる天の声のようなものに書かしめられて、い

くつかの作品を書いた。

ちなみに、そのひとつは、殺人犯・死刑囚から牧師になったひとの奇しき人生を記したノンフィクション『地獄の虹　新垣《あらがき》三郎／死刑囚から牧師に』であり、あるいは、先の大戦における「特攻」の犠牲をえがいた、小説・映画・舞台劇の『月光の夏』などである。

書くべし、と心に迫るものは書く。この道を前へ――。

私は、もてる力を注いで、キリスト者・手島郁郎の伝道の茨道《いばらみち》をたどるヒューマン・ドキュメントを書き著わそう、と思いたった。キリストの愛に殉ずる志で、イエスが地上に在《あ》って説いた福音を原典から学び、「原始福音」の独立伝道にいのちを燃やした手島郁郎の、宗教書ではない、人間記録である。まずは、独立伝道の草創期について――。

私は洗礼を受けたクリスチャンではない。どの教団・宗派にも属さない、聖書の学びも浅く、信仰も至らぬものである。ただ、キリスト・イエスを、私は主と仰ぐ。

生前の手島郁郎に接する機会には、恵まれなかった。私はできうるかぎりを取材し、その間の私のうちなる心の動きも正直に吐露して、虚飾なく、ノンフィクションをつづろうと思う。

力及ばぬ私が拠《よ》り頼むのは、天の導きである。

シナイ山に顕現した雲（2006.9.29 著者撮影）

# 恋ひ死なむ

——殉愛のキリスト者　手島郁郎

# 第一章　いのちの危機に

望みなき闇にも天より光は注ぐ

## 「神様、助けてください」

ひとは、いつか、いのちの危機に直面する。絶望の淵《ふち》に立たされるときがある。

救いを求めて、そのとき、頼るべきなにがあるだろう。

あなたは――？


手島郁郎は、二十九歳のとき、いのちを狙《ねら》われる。

一九四〇年（昭和十五年）三月。中国大陸で、日本が中国と戦っていた「日華事変」のさなかのことである。

手島郁郎は陸軍の軍属（軍人以外の軍勤務者）となって、中国の華北の奥地にいた。

山西省《さんせいしょう》南西部の広漠たる大地に、塩の湖がひろがる。

そのむかし、塩の都として栄えた運城《うんじょう》――。日本軍の北支《ほくし》派遣軍はこの地を占領し、第二十師団が駐屯していた。

手島郁郎は特務機関の経済班長として、戦火で荒廃したこの地域の経済の復興に当たった。

中国民衆の窮状を見て、キリスト者の手島郁郎は、なにより民衆の暮らしの安定に心を砕く。

それは、作戦を強硬におしすすめようとする軍の参謀と軋轢《あつれき》を生じた。

しかし、一徹な手島郁郎は、高級参謀にも与《くみ》しない。いっそう、民衆の救済に力を注いだ。

ついに、参謀らは、手島経済班長を亡きものにしようと計る。

参謀のひとりが、ひそかに、馬賊（中国東北部で馬に乗って荒らしまわった群盗）の男に酒を飲ませて唆《そそのか》した。

「手島は軍の邪魔者だ。厄介者は除かねばならん」

それにどのような甘言がいい添えられたか。意をうけて、前科七犯という馬賊の男は勇みたった。

「わしが殺《や》る！」

男は手島郁郎を襲い、白刃《はくじん》を抜いて斬《き》りかかる。

居合わせた上司が、とっさにかばったために、間一髪、手島郁郎は凶刃《きょうじん》を逃れた。

しかし、上司が傷を負ったことから、大問題となって、手島郁郎は憲兵隊に拘束され、監禁された。

襲われた被害者がなぜ拘束されたのか、その事由は詳《つまび》らかではない。

ここは戦地である。軍にとって好ましからざる人物を、軍が拘束するのに法的な理由も手続きも要らなかったのだろうか。

手島郁郎は、運城市内にあった煉瓦《れんが》造りの監獄に監禁されて、着の身着のまま、ひどい寒さに耐えなければならなかった。自分を殺そうとした参謀を憎み、獄に閉ざされた非運を嘆く。所持品はすべて没収された。ただ、ポケットにしまっていた、小さな分冊聖書の『ヨハネ伝』だけが手元に残った。

窓の明かりを頼りに、手島郁郎は『ヨハネ伝』を繰り返しくりかえし読んだ。

なんぢら世にありては患難《なやみ》あり、然《さ》れど雄々《おお》しかれ。我すでに世に勝てり。

第一六章（三三節）のイエスのことばが、手島郁郎の心の支えになった。

数日を経て、顔見知りになった当番兵にたずねた。

「私はいつ、ここから出られるだろうか」

「なにを言ってる。上で今、算段しているのは、あなたをどうやって殺すかですよ」

当番兵はそうささやいた。軍は執拗《しつよう》に、手島郁郎を抹殺しよう、という考えを変えていなかった。

いのちの危機は迫っていた。手島郁郎は怖れ、戦《おのの》く。救いを求めて、ただ祈るほかになかった。頼るは、神のみ。

「神様、助けてください！　助けてください！　イエス様……！」

必死に祈った。ひたすら祈りつづけた。

三週間余りを経ても、軍は手島郁郎を殺害する正当な事由を見いだせなかったようである。処置に窮してか、「管外追放処分」と決めた。

軍は、手島郁郎を管轄外まで連行し、敵（中国・八路軍《はちろぐん》）のいる荒野《あらの》に放逐した。

無人の曠野《こうや》に、手島郁郎はただひとり。凍《い》てつく寒さと飢えと、敵に襲われる死の恐怖。まさに死線を彷徨《さまよ》う。

手島郁郎は、自分を陥《おとしい》れた者への憎しみに身を灼《や》き、その憎悪心を濯《そそ》ぐことに苦闘した。

恩讐《おんしゅう》の夢を忘れり　冬すぎて
ひとり侘《わび》しく地の涯《はて》行けば
手島郁郎・詠

望みなき闇にも、天より光は注ぐ。

手島郁郎は、九死に一生を得て、奇しくも内地に生還した。

## 危機に光射す

大東亜戦争（太平洋戦争）の敗戦後、米軍占領下の九州・熊本で、手島郁郎は再び、いのちの危機に追い込まれる。

郷里の熊本市辛島町《からしまちょう》で、手島郁郎は厚生産業株式会社を起こして、製粉や製塩、漁業など、手広く営んでいた。

敗戦三年目の一九四八年、長男・寛郎《ひろお》が通う、近くの市立慶徳《けいとく》小学校が、米占領軍軍政官ピーターゼンの強圧的な指令で閉鎖されそうになった。

慶徳校は廃校にして分散し、学制改革による六・三・三制教育で生まれる新制中学のために、校舎を転用せよ、というものである。

英語ができる手島郁郎は、父兄を代表して軍政部と交渉に当たった。

敗戦国の哀《かな》しさ――。占領軍が絶対的な権限をもっていた。その軍政に抵抗すれば、ひどい弾圧を受けることは必至だった。

しかし、学校の歴史や伝統を一顧だにせず、学童たちの通学の利便も配慮しない、横暴な軍政官の指令に、手島郁郎は、学校をつぶすな、と反対した。

ピーターゼンは怒った。法務担当官を動かして、警察に命じた。

「テシマは軍政上、有害な人物だ。逮捕せよ！」

ピーターゼンの横暴ぶりは、悪名が高かった。警察署長は見かねて、手島郁郎に耳打ちした。

「手島さん、逃げなさい。あの軍政官のことだ、なにをするかわからない」

軍の恐ろしさは、運城の事件で知っている。いのちを狙われた恐怖がよみがえる。

手島郁郎は阿蘇《あそ》の山へ逃れた。

熊本市の東、およそ四十キロに位置する活火山、阿蘇。広大な外輪山に囲まれて、世界最大級のカルデラ盆地がひろがる。中央火口丘の中岳など五岳の連なりが、盆地を南北に分けている。

南の南郷谷《なんごうだに》はまだ秘境の趣をとどめていた。

手島郁郎は、南郷谷寄りのおかまど山（御竈門山・一一五〇メートル）の西の中腹にある、地獄温泉の古い湯治場の宿に潜んだ。

追手《おって》を恐れて、朝早く宿を出る。熱気と亜硫酸ガスの漂う地獄谷をよじ登り、雑木の茂るなかを這い登って、おかまど山の頂を仰ぐ茅《かや》原の茂みに身を隠した。

夕陽が沈むと、灯がともった宿に官憲の姿がないことを確かめてから、部屋にもどる。そんな日がつづく。家族のことが気にかかり、眠れない。しかし、捜査の足がつくのを恐れて、熊本の家に連絡できなかった。

おかまど山に向かって、ひとり、身の丈を越える深い茅原を歩いていると、凍てつく華北の曠野《こうや》を彷徨《さまよ》った日の孤独と絶望感がよみがえる。

死のかげの谷を彷徨うこと十数日――。手島郁郎は憔悴《しょうすい》し、ついに力尽きて行き詰まる。地に跪《ひざまず》き、天を仰いで救いを求めた。

このときの心境を、手島郁郎自身がのちにこう語っている。

「毎日毎日が、生きた気持ちがしませんでした。

どうか神様、助けてください。もし助けてくださったら、きっと私はご用にたちますと、願をかけました。

神様、助けてください！

とにかく危なくてしょうがありません。どうぞ神様、助けてください！」

手島郁郎は必死に祈った。

天来の神のまなざしは常に注がれていた。手島郁郎は不思議な光に包まれる。

「神様は、そのとき、イザヤ書の三〇章の御言《みことば》をもって応えたもうた。

汝に悩みの糧と苦しみの水を与えるだろう。しかし、汝を教えるものは再び隠れない。汝、右に行くにも左に行くにも、これが道である、これを歩めと後辺《うしろべ》に語るものの声を聞くであろう、という聖句が私に迫ってなりませんでした」

手島郁郎は聖句の黙示《もくし》を受けて、伝道せよ、との神の意を体した。

今に残る、手島郁郎の使い込まれ古びた聖書の裏表紙の内側に、ペンでこう記されている。

　主は汝に患難《なやみ》の糧と苦しみの水を与へ給《たま》はん。然《さ》れど汝を教ふるもの再びかくれじ。汝の目はその教ふるものを恒《つね》に視るべし。汝右にゆくも左にゆくもその耳にこれが道なり、これを歩むべしと後辺《うしろべ》に語るを聞かん。　——イザヤ書三〇章——

　昭和二十三年五月一日　於阿蘇地獄、蒙霊示、而我泣

阿蘇地獄において、霊示《れいじ》をたまわり、私は泣いた、と証《あか》ししている。

これが道なり、これを歩むべし——。

これが、手島郁郎を伝道に踏み切らせる契機となった。後年、こう語っている。

「それで、ああ神様、私は覚悟いたします。神様、私は山を下ります。

どうぞ、あなたが山の上で示し給うたとおりにしてください。自分はもう覚悟はできており

ます。

今までは実業人として出世しよう、偉いことをしようと思ったが、もうさらさら、そういう気は捨ててしまいました。

そして、すべての仕事を閉じて、伝道一本で生きようと決心しました」

手島郁郎は、宿から熊本の留守宅に電話して、警官が来てはいないことを確かめると、ひそかに山を下りて、恐るおそる、熊本へ向かった。

あの横暴な米軍軍政官は、左遷されていた――。

## 大いなる計らい

（おりもおり、軍政官ピーターゼンが左遷された……！）

私は驚いた。それは、単なる偶然だったのか――。

手島郁郎の記録を調べていて、この事実を知ったとき、私は、このことに人知を超えた奇しきものを感じた。大いなる計らいが働いた、と私には思われてならない。

余談になるが、私は先に、ハワイの獄中で聖書にふれて回心《かいしん》し、異例の米大統領特赦で釈放された、沖縄で伝道に献身している元死刑囚の牧師に関心を寄せた。

ちなみに、回心（コンバージョン）とは、キリストの愛にふれて、過去の罪や生き方を悔い改め、神への信仰に目覚めること、といっていいだろうか。魂の生まれ変わりともいうべき大転換である。

一九八七年、私はそのひと、新垣三郎牧師と同道して、この世にも奇しき人生の軌跡を実地にたどった。

まず、新垣三郎少年（十九歳）が先の大戦の玉砕《ぎょくさい》の島、サイパン島で、日本軍憲兵に命じられて日本人二人を殺した、二つの殺人事件の現場跡。

次いで、迫りくる死刑執行に戦《おのの》いた、グアム島の戦犯刑務所跡。

さらに、処刑を免れ、終身囚という一生這い出られない蟻地獄《ありじごく》に陥《お》ちて、狂おしく懊悩《おうのう》し、いっそ死を、と荒れすさんだハワイ・オアフ刑務所の独房など――。

いずれも、極めて困難な取材で、難渋しながらも、みな成し遂げられた。奇跡的だと思う幸運に幾度か恵まれてのことである。

ホノルルを発って成田へ飛ぶ、帰りの機内で、私はほっとして、新垣牧師に話した。

「難しい旅でしたが、偶然とはいえ、ほんとにうまく運びましたね」

新垣牧師は微笑んだ。

「聖書に、偶然ということばはありませんよ」

このひとことは、私を驚かせ、眼をひらかせた。奇跡は偶然に起きるのではない。神による備え、計らいがあってのことと感じる。

新垣三郎青年が釈放後、日本に帰国して学んだ神学校（三育学院カレッジ）の恩師、元学院長の山形俊夫名誉教授が、取材に訪れた私に語ったことばを思い起こす。

「神の摂理《せつり》ということばがありますね。英語では、プロビデンス（Providence）といいますが、これは、プロバイド（provide）という語からきています。備える、用意している、という意味ですね。

神はすべてを備えられている。計らわれている。すべては神の配慮によって起きているということです」

人は心に自分の道を考え計る、
しかし、その歩みを導く者は主である。（箴言《しんげん》一六・九）

神の計らい、ということばを私は心にとめ、のちのち、しばしば感じるようになる。

米軍政官ピーターゼンの左遷によって、強迫する圧制者は除かれた。神の力と愛が奇跡的に働いた、と手島郁郎は感じたに違いない。

手島郁郎の語録に、こういうことばがある。

「自分に絶望し、この世に何も頼れるものなきに至って、人は神を仰ぐに至ります。人生の挫折はつらい。しかし、人間の力が尽きるところに、神の大能と愛が奇跡的に働きます」（『四つ葉のクローバー』より）

阿蘇山中で受けた神の召命に従って、手島郁郎は、実業家の道を捨て、独立伝道という苦難の道を踏み出すことになる。――このことは、のちに再び述べる。

# 第二章　愛に渇いて

手島郁郎・少年時代（熊本）

## 父祖の地、熊本で

火の国、肥後《ひご》・熊本は、手島郁郎の父祖の地である。

熊本城を北にのぞむ熊本市の繁華街、新市街の辛島町電停から、西へ二百メートル――。ビル群のなかに、市電が通る道路に面して、木造二階建ての年経た建物がある。

この建物が、大東亜戦争（太平洋戦争）の敗戦後間もなく、熊本で実業家・手島郁郎が創業した「熊本厚生産業株式会社」の本社であり、奥の一部は住まいであった。

今、玄関のガラス戸には、「キリスト聖書塾」「キリストの幕屋」とある。

手島郁郎は、一九四八年、ここから伝道を始めた。

私は初めて熊本幕屋を訪ねる。玄関の前に立っていると、熊本駅へ向かう市電が背後を走り抜けてゆく。

ああ、と嘆息する思いで、私は若い日のことを思い起こした。

（なんど、ここを市電で往《ゆ》き来《き》したことだろう。手島師の伝道のことは、まったく知らずに……）

私事にわたるが、私は高校卒業を前にして、父が病で急逝したために、やむなく東京の大学への進学を断念した。母の望みもあって自宅から列車通学ができる最寄りの国立大学である、熊本大学の法文学部に学ぶ。一九五一年からの幾年か——。

この時期は、手島郁郎が独立伝道を決意して、さまざまな苦難を抱えながら、ここに集いくる人たちに熱くキリストの福音を説いていたときである。

一九五〇年から、手島郁郎と、ともに集う人々の上に、奇しきことが起きてきていた。心の耳を傾ければ、あるいは手島郁郎の声を胸に感知できたかもしれない、間近なところを、私は無為に、なんら感じることなく、ただ市電に運ばれて、徒然《つれづれ》に通り過ぎていたのである。

その私が、手島郁郎の伝記映像の制作に関わることになった。

あれから半世紀——。二〇〇四年六月のある日、旧知の田島良郎プロデューサーから、十数年ぶりに不意の電話を受ける。

彼はテレビ静岡で、日本賞（教育番組国際コンクール）の受賞作など、優れたテレビ・ドキュメンタリーを制作したひとである。定年退職後、キリスト聖書塾（東京）のテレビ番組の制作を手伝っているという。

「キリスト聖書塾の創始者である、手島郁郎の伝記映画の制作をおねがいしたいんです」

思いがけないことを彼は言い、手島郁郎について説明を始めた。

「手島さんのお名前は知っていますよ」

私が口を挟《はさ》むと、彼は驚いた。


一九八一年、私は、現代の日本のさまざまな信仰の実相をさぐる、あるテレビ番組シリーズの制作に関わった。そのとき、日本の宗教家、宗教団体に関する資料のさまざまを読む。取材に出向いた北海道で猛吹雪に遭い、ホテルに連日、閉じ込められたことがある。そのとき、読み込んだ資料で、熊本のキリスト者・手島郁郎が、敗戦後の荒廃のなか、独立伝道に立った事情のあらましを知る。

さらに、一九九三年、私の小説を映画化した、劇映画『月光の夏』の上映に奔走していたとき、手島郁郎創刊とうたった月刊の信仰誌『生命の光』(キリスト聖書塾発行)の一冊が、熊本の知人から送られてきた。

頁をめくると、巻末に、手島郁郎が生前、弟子たちに与えた「我らの信条」が掲げられている。

日本の精神的荒廃を嘆いて、「日本人の心に宗教の復興を願い、原始福音の再興を祈る」とある。また、「キリスト教の純化を願うが、日本の他の諸宗教を愛し、祖師たちの人格を崇敬するものである」と、日本古来の神道、仏教に対して敬意が払われている。これは、キリスト教の宗派では特異なことと私は感じた。

手島郁郎は、日本独自の無教会主義を唱えた、明治のキリスト者・内村鑑三（一八六一～一九三〇）の信仰の系譜にあり、かつ、その系譜内にとどまらない、特異な伝道者であろう、というふうに私は感じた。

内村鑑三は述べた。

「私の貴《たっと》ぶものは、二つのＪであります。その一つはＪＥＳＵＳ《ジーザス》（イエス）であります。その他のものはＪＡＰＡＮ《ジャパン》（日本）であります」

この、キリストと日本のために生涯を捧げることを使命とした心情は、手島郁郎にも繋《つな》がるものがあるように思う。

私は手島郁郎の著書に『日本民族と原始福音』があることを知り、「日本民族」ということばにひかれて読んでみた。

手島郁郎のねがいは、二千年前、キリスト・イエスがこの地上にあって説いた福音（原始福音）を、聖書の原典から歪《ゆが》めることなく、直接に日本人に伝えて、日本民族の霊性に根づかせること。そして、キリストの愛と教えによる日本の精神的復興を祈るもの、と私は解した。

その程度の浅い、概念的な理解にすぎなかった。

手島郁郎の伝記映画の制作を引き受けることに、私は躊躇《ためら》いをおぼえた。

私が手島郁郎に感じる、天与のカリスマとその祈りは、なまなかの理解では表現できない。

おのれの力に余ることは避けよう、という思いが胸にうごめく。

しかし、ノーと言わせない、なにかが私のうえに働いていていた。

(汝、書くべし)

声なく、心に響いてくるものがあった。

天によって用意《プロバイド》されたものか、どうか――。

わからないままに、私は、キリスト聖書塾(東京)の企画会議に出て、企画者の手島寛郎《ひろお》氏(手島郁郎の長男)はじめ、田島プロデューサーら制作スタッフと会う。

手島郁郎の伝道の初期、キリストの幕屋の草創期を記録するものを作りたい、という企画意図を聞いて、私は、脚色による劇映画ではなく、事実で構成するドキュメンタリー(記録映像)の制作をすすめた。

「では、脚本と演出を引き受けてもらえますか」

そう問われて、私はためらったが、胸のうちに浮かんだものがある。

「汝ら呟《つぶや》かず、疑はずして凡《すべ》ての事をおこなへ」という、聖書のことばである。

教会に通うこともなく、聖書講義も聴かず、ただキリスト・イエスを救い主と感じて、三十数年来、聖書を読んできた私の心にとまった聖句のひとつで、「神は御意《みこころ》を成《な》さんために汝らの衷《うち》にはたらき、汝等をして志望《こころざし》をたて、業《わざ》を行はしめ給へばなり」（ピリピ書二・一三）につづくことばである。

このことばが、田島プロデューサーの電話を受けたときから、なぜか、私の頭から離れなくなっていた。

かくて、私は手島郁郎に関する多くの資料を抱え込み、実地に取材することになったのである。


私は、熊本幕屋の玄関から入り、古い階段を二階へ上がった。

二階は畳敷きの集会室になっている。増築、改築を重ねて、今は二十七畳敷き。信仰の年輪を刻んで古く、飾らない質素な部屋である。祭壇も十字架もない。

沖縄の新垣三郎牧師の自宅二階の小さな礼拝室にも、十字架はなかった。訝《いぶか》る私に、新垣牧師が言ったことばを思い起こす。

「十字架を飾ると、人は十字架を拝みますからね。拝すべきは神、キリストですのに」

熊本幕屋の集会室には、電車通り側の窓際に、高さ十センチほどの低い狭い講壇があり、テーブルの横合いに燭台《メノラー》があるだけである。

ただ、その背後に、ひろげられた日章旗が窓にそって掲げられている。これは、これまで私が取材で訪ねたキリスト教関係の礼拝堂や集会室には、どこにもなく、これだけが特異に見えた。

これは、「日本の精神的荒廃を嘆き、日本人の心に宗教の復興を」とねがった手島郁郎の信条を表わしていると私は解した。同時に、「二つのJ」キリストと日本のために生きることを使命とした、明治のキリスト者、内村鑑三の思想を嗣《つ》ぐもののように感じた。

横合いの壁に、豊かな白鬚《しらひげ》をたくわえた、晩年の手島郁郎の肖像写真が掲げられている。初対面の挨拶をする思いで、私は写真の前に立った。

肖像は、その祈り、火のごとき霊的信仰者、特異なカリスマ――、ということから思いえがく、眼光鋭い、厳《いか》めしいイメージとは違った。意外や、穏やかな笑みをたたえた温顔に迎えられる。私はふっと亡き親父《おやじ》を思った。ほぼ同世代である。

手島郁郎の慈愛に満ちた微笑みのまなざしに、私はしばらく見入った。

それを背後から見ていた田島プロデューサーが、

「手島先生と対話していましたね」

と言う。そう言われれば、たしかに、私は目と目で心《アイコンタクト》のうちにことばを交わしていた。

（はじめまして……）

（やあ、きみ、来たね）

半世紀ほども前、学生のころ、この間近をいつも素通りしていた私である。

にっこり、と見えた微笑が、にやり、とした笑みに変わった。

（きみ、来るとわかってたよ）

なるほど、と思う。笑みは変わらない。

（きみ、砕かれていないね）

（……………）

砕かれていない、とは、神のこと――信仰を、頭（理屈）で考えている、という指摘であろうと察した。私はうなずく。しかし、そんな浅いことではなかった。

手島郁郎のいう、砕かれるということの深い意味を、のちのち、私は身をもって痛感することになるのである。

およそ六十年前、熊本・辛島町のこの部屋の一隅、六畳余りのところから、手島郁郎は独立伝道を始めた。

手島郁郎とここに集うひとびとの上に、なにがもたらされ、なにが起きたのか——。

## 母の愛に飢えて

まず、記録を頼りに、しばらく、手島郁郎の生い立ちをたどろう。

一九一〇年（明治四十三年）八月二十六日、手島郁郎は手島務《つとむ》、コト夫妻の長男として、島根県は神話の国・出雲《いずも》の南、大原郡大東町（現・雲南《うんなん》市大東町）で生まれる。

両親はともに熊本出身の教育者である。父の務は、二十六歳で熊本県八代《やつしろ》郡千丁《せんちょう》村（現・千丁町）の小学校校長になり、三十歳のとき抜擢《ばってき》されて、島根県大原郡の教職員の指導、監督に当たる郡視学《しがく》の要職に就いた。母のコトは、八代郡（現・八代市）の名家、坂田家の出身で、熊本女子師範学校（一期生）を首席で卒業した聡明なひとであった。

長女・順子と四つ違いで郁郎が生まれ、次いで、二人の弟、逸郎と泰郎が生まれる。

一家は、父の転勤に従って、島根県鹿足《かのあし》郡津和野《つわの》町へ。さらに山口、高松などを経て、香川県木田郡平井町へ移る。父は、木田高等女学校の校長に就任した。

一九一七年（大正六年）、郁郎は平井尋常小学校に入学する。

父も母も信仰心篤《あつ》く、神道である手島家の宗旨に従って、お宮参りを欠かさなかった。父は、長男の郁郎をことばの一つひとつにも厳しくしつけ、食べ物の好き嫌いを一切許さなかった。神経質な郁郎はいつも父の前でピリピリしていたという。

郁郎は瘦《や》せてひよわだった。

姉の順子（城順子）さんは、『遠い想い出――弟・郁郎さんのこと』（『生命の光』二八二号、一九七四・三）のなかで、こう述懐する。

「小学校に入ると父はいよいよ郁郎さんを鍛え始めました。日暮れになってから、かなり離れた神社の森の榊《さかき》を採ってこいと命令します。いつも父や母と採りに行って場所はわかっていますが、オドオドと不安な顔をしつつも、郁郎さんは出てゆきました。やがて小さな一枝を折って帰りましたが、どんな思いで夜道を歩いたかと思います。

恐れに挫《くじ》けない心、困難に立ち向かう勇気、そして成就した喜び、そんなものを行動を通して、父は教えようとしたと思います」

「母は、当時としては、熊本女子師範を出た、数少ないインテリ女性だったのでしょう。近所の少年に『プルターク英雄伝』（一～二世紀のギリシア人著述家プルタークの著）の本を貸してあげたり、若い娘さんたちに慕われて、話し相手になってあげたりしていました。

バイオリンをよく弾いていましたが、私や郁郎さんに『天然の美』や『箱根の山は天下の嶮《けん》』などの歌を教えてくれました」

母は、郁郎たちを琴平町《ことひらちょう》の金刀比羅宮《ことひらぐう》へ連れてゆき、千三百余段の石段を子らの手を引いて登って、拝殿に詣《もう》でた。

「なんでも神様におねがいしたら、神様はきっと聞きとどけてくださいます。偉いひと、立派なひとになるように、また、勉強が上手になるようにおねがいしなさい」

そんな教えを受けて、子らの宗教心は育まれた。


一九二〇年（大正九年）、郁郎が十歳、小学四年の一学期に、父が台湾に単身赴任して、一家は香川県から郷里の熊本市へ移った。

母は新設された熊本市立一新幼稚園の園長になり、多忙な日々となる。

郁郎は熊本師範付属小学校（現・熊本大学教育学部付属小学校）に編入すると、成績が下位に落ちた。付属小学校は生徒たちの学力のレベルが一段と高かったからである。神経質な郁郎は、成績が下がったことにひどい劣等感を抱いた。

やせっぽちでからだの弱い郁郎は、同級生にばかにされ、しばしばいじめられて泣かされた。

そんな悩みや辛さを母に訴えたくても、母は多忙で留守がちであった。郁郎は母の胸に飛び込んでいけず、母の愛に飢えて寂しさに泣く日がつづく。

郁郎は、とりわけ、母への思慕が強かったように思われる。

母に求めるもの、その愛の渇きが、神を求める信仰へとつながる。

のちに、当時のことを述懐して、手島郁郎は自らこう語る。

「私は生まれながらに出来の悪い子だったから――、学校に行っても勉強は下手で、運動したってビリでしか走れない。失敗し悩み、苦しみ、本当に自分で嘆きました。

このまま行ったら、破滅以外ない。なにか他のひとの知らないものを握らなければ、自分は生きられないと思いました」

## 劣等感に悩む

手島一家が住んだ熊本市京町本丁（旧・柳川町）は、熊本城の北に接する高台にある。家のすぐ近くから、東へ下る坂道があった。瀬戸坂《せとざか》というかなり急な坂道で、百メートルほど真っ直ぐに下っている。

一九二二年、郁郎（十二歳）は小学六年になった春、姉の順子に連れられてこの坂を下り、初めてキリスト教会へ行った。

キリスト者・内村鑑三も教鞭をとった熊本英学校の流れを汲《く》む、クリスチャンの学校、大江高等女学校で学ぶ順子は、先輩から聖書を贈られて、南千反畑町《みなみせんだんばたまち》にある熊本バプテスト教会に通っていた。日曜学校の催しに、順子が郁郎を誘った。

郁郎は、そこで初めて讃美歌を聴く。神を讃《たた》える歌声の清らかな調べに聴き入り、心奪われた。

そのときの心境を、姉の順子さんが聞いている。

「教会の庭で聴いた讃美歌に、夢見るもののごとくうっとりし、足が震えて倒れそうになるぐらい身体がしびれた。イエス・キリストという名前を聞いただけで、勿体《もったい》なくてありがたく心がうち震えた——。

のちにそう聞いて、鈍い魂の私と違って、幼くて神を知る資質があったのだと思いました」

郁郎は、熱心に教会の日曜学校に通うようになった。

その当時を語る。

「毎日曜日の午後、日曜学校に行くことが楽しくうれしくて、待ちきれなくなりました。まだ子どもですから、十分なことはわかりません。けれども、イエス・キリストという名前を聞くだけで心が震えました。夜寝ているときに、胸に手を当てて祈りますと、熱い涙が流れ、神様、神様、というだけで枕を何度濡らしたかわかりません。
こうして、私はキリストを夢見る人間になりました」

翌年春、郁郎は県立熊本商業学校に入学する。商業学校へ進んだことが、郁郎にはひどいコンプレックスになり、深刻に悩むことになる。

そのいきさつを、手島郁郎の初めの弟子のひとりで、身近に接してきた伝道者の吉村騏一郎《きいちろう》氏は、師からじかに聞いている。

このたびの取材に当たって、私は吉村氏にまず会い、話を聞いた。吉村氏は、その著書『わが師　手島郁郎』（キリスト聖書塾刊）に記している。

郁郎は他の級友たちとおなじように中学校へ進学したかったが、父は断固、商業学校への進学を強制した。それというのは、父があるとき上京して、そのころ日本一といわれた易《えき》の大家に大金をはたいて息子の将来を占《うらな》ってもらったところ、

「商業学校に入れよ。実業家にすれば大成功疑いなし」

と易断されたためであった。

熊本商業に入学して、まず修身《しゅうしん》科で学んだことばは、福沢諭吉の「士魂商才」であった。

「武士の魂でもって商才を発揮して金儲《かねもう》けせよ」

とは、郁郎にとり精神分裂を起こしそうなことばであった。

武士（手島石見守《いわみのかみ》長次の末裔《まつえい》、細川藩士）の子（二十六代目）だといって育てておきながら、なぜ、自分を商人の学校に通わせるのだろう、と思うと情けなかった。恥ずかしくて、ソロバン玉が鳴らないように、手で押さえて学校に通った。易の筮竹《ぜいちく》の分け方ひとつで、自分の人生が左右される不合理さに、親を恨み、劣等感に傷ついていた。また、子供心にひけめを感じていたのは、小さいころから、「出っ歯」とあだ名されるほど上の前歯が飛び出していたことで、劣等感がつのり、ずいぶん神経質になって悩んだ。

郁郎の悩みはいろいろ重なった。商業学校一年のときの成績はビリから七番、平均丙《へい》で、英語と地理が甲でやっと落第をまぬがれた。

つくづく自分が嫌になり、あるときは、自分のような劣等生は生きていけぬと思いつめ、死にたいと思って鉄道線路を彷徨《さまよ》ったこともあった。

悩みが多く、寂しい、その意味では、どこにでもいる少年だった。

ただ、人一倍、感受性が強い郁郎は、多感な苦悩ゆえに、救いの光を求めて聖書をひもとく。

郁郎は苦悩しつつ、聖書を読んだ。マタイ伝の聖句が郁郎の心をとらえる。

空の鳥を見よ、播《ま》かず、刈らず、倉に収めず、然《しか》るに汝らの天の父は、これを養ひたまふ。汝らは之《これ》よりも遥《はるか》に優《すぐ》るる者ならずや。汝らの中《うち》たれか思ひ煩《わずら》ひて身の丈一尺を加へ得んや。（マタイ伝六・二六〜二七）

空を飛ぶ鳥を見なさい。種もまかず、収穫もしない。それでも、あなたがたの天の父は養ってくださっている。あなたがたは、みな、神のもとで生かされている――。

イエスのこのことばに、十二歳の少年は神の大きな愛を感じて、胸が熱くなり泣いた。泣きつつ、聖書を読みふけった。

郁郎は教会に通い、バイブルクラスに出席し、聖書の教えにイエスの愛を求める。

バイブルクラスでは、英国人宣教師に英語も学んだ。英語はクラスで抜群の成績をおさめるようになり、ひとつの慰めを得る。

のちに、当時を語る。

「幸いなるかな、少年時代から、私の胸にはキリストが居《い》たまいました。

私は昔から向こう気は強いけれど、からだは弱い子でしたから、みなに寄ってたかっていじめられたものです。喧嘩《けんか》して叩かれ、組み伏せられて、生傷《なまきず》が絶えませんでした。

組み伏せられても、いつか、自分はこれに打《う》ち克《か》つときが来ると思いました。腕力がないなら、別の力で、といつも子供心に言い聞かせていました」

熊本商業二、三年生ころの郁郎について、同級生、丹辺《にべ》恭平さんはこう語っている。

「手島君は母子家庭のような生活でした。筋骨も薄弱で、バレーボール部の補欠でした。学校の成績は尻《しり》のほうに近かった。いまいう、いじめられっ子でしたな。よく殴られよった。それでも平気で、なにか不屈の面構《つらがま》えでした。その態度がまた反感をそそったのでしょう。それでぐれようとしたことがある。

そんな彼を励ましてくれたのが、長崎高商出身の松本有賀雄先生でした。――きみのお父さんは、台湾から血の出るようなお金を、君の学資のために送っておられる。お母さんにこれ以上心配かけるな。そう、こんこんと諫《いさ》めておられた。

それから、彼は松本先生に傾倒し、感化を受けて、ほんとうに立ち直った。とにかくすごい勉強ぶりでしたな」

母・コトは、身体がひ弱く、神経質で落ち着きのない郁郎に、弓を稽古《けいこ》するようにすすめた。

郁郎は弓道に励み、精神の集中を得ようと努める。

郁郎は日本基督《キリスト》教会東坪井《ひがしつぼい》教会に通うようになった。

## キリストの愛を求めて

手島家の宗旨は神道で、一家は敬神崇祖《すうそ》を旨としてきた。

母・コトは、手島家を嗣《つ》ぐべき長男が、キリスト教を信仰することを見過ごすわけにゆかなかった。郁郎の信仰心に水をさすことばで、教会に行くのを引き止めようとした。

「手島家は神道ですよ。キリスト教は異教です。もし、キリスト教徒になるのなら、あなたはこの家から出ていきなさい」

母にそう言われて、郁郎は日曜日、図書館に行くようによそおい、隠れて教会に行くようになった。

郁郎、十六歳。熊本商業四年のとき、郁郎は決意する。母には告げず――。

郁郎は、真の救いを求めて、ついに教会で洗礼を受けた。

それは「水の洗礼」である。水に葬られ、古い自分は死んで、一切の罪を洗われて、神の愛のもと、キリストとともに生きようと決心したのだった。

それは、しかし、ほどなく母の知るところとなる。

「郁郎。それは許されません。お父さんがお許しになりません！」

母は厳しく郁郎を咎《とが》めた。

「ぼくは、お父さんにお許しをおねがいします」

郁郎のキリストとともに生きる決心は堅かった。

やむなく、母は台湾の父に手紙を書き送り、長男・郁郎の受洗の是非を問うた。すると、思わぬ返事がきた。

「信教の自由は、憲法も認めるところである。郁郎がたって希《ねが》うのなら、許そう」

郁郎は大喜びして、決意を新たにした。

父・務は、若いころに聖書を読んでいた。姉の順子さんの証言——。

「父の晩年に、大阪の豊中の教会の牧師である高瀬という方が、父を訪ねてこられたことがあります。

——私は八代の千丁高等小学校で、手島（務）先生から聖書の『山上の垂訓』を聞かせていただきました。感動が大きくて、その後、ついに牧師の道を選びました、と。

父が熊本に帰っていると聞いて、尋ねたずねして来て、ようやく逢えた、と喜んでくださったことがあります。

それで、父が若いときに聖書を読んでいたことを知りました」

郁郎が血に享《う》けたもの。それには、天の備えがあったのだろうか――。

郁郎は、キリスト教をわかりやすく書いた本を探し求めた。本屋を漁《あさ》って、社会運動家でキリスト教伝道者である賀川豊彦《かがわとよひこ》（一八八八～一九六〇）の『イエスの宗教とその真理』（警醒社刊）という本に出会う。

「傷つけられたる魂にイエスの言葉は恩《めぐみ》の膏《あぶら》である。それは温泉の如《ごと》く人を温め　噴水の如く力づけてくれる。解放の日に　イエスの愛は感激の源であり、犠牲の旗印である。神は強い。そしてイエスはその最も聖《きよ》く最も強い力の神を教へてくれる。
イエス自身が　神の符号である」

その書き出しの文章に魅せられ、心ゆさぶられる。泣きながら、暗誦《あんしょう》するほどに繰り返し読んだ。のちにこう述懐している。

「それはイエス・キリストが恋しいばっかりに読んだのです。もし、愛人から手紙がきたら、何度も何度も読み返して、そのひとの心にふれたいと思うように、一字一字ないがしろにせずに読むように、この本を何度も何度も読みました。それで、まわりの少年たちと違った思想が芽生えてきました」

郁郎は、賀川豊彦の機関紙『雲の柱』の読者となり、賀川の著書に心酔した。イエス・キリストの宗教の本質を教えられ、社会思想を学び、宇宙の神秘を瞑想することを知る。

# 第三章　殉教《じゅんきょう》の血を嗣《つ》ぐもの

手島郁郎
我生れ出るよりエホバ我を召し、
我母の胎を出るよりエホバ我名を
語り告げ給へり　イザヤ

手島郁郎・長崎高商卒業アルバム

## 長崎高商に学ぶ

一九二八年（昭和三年）、郁郎は十八歳。熊本商業学校を上位の成績で卒業し、長崎高等商業学校（現・長崎大学経済学部）に入学した。

郁郎は、「百万人の霊魂を神に捧ぐ」と叫んで「神の国運動」を展開していた賀川豊彦に強く共鳴していた。

郁郎は、若いクリスチャンたちのＹＭＣＡに参加して、毎週木曜日の夜、長崎医大や長崎高商の仲間とともに、街頭で路傍伝道に立った。制服制帽で高らかに讃美歌を歌い、熱くキリストの福音を宣《の》べつたえた。

長崎は、キリシタン殉教の歴史が刻まれた地である。

豊臣秀吉の伴天連《バテレン》追放令によって、キリシタン弾圧下にあった一五九七年、キリスト信仰を貫く日本人二十人、スペイン人四人、メキシコ人、ポルトガル人それぞれ一人の二十六人が、長崎で十字架に架けられ、両脇を槍で刺されて処刑された。「キリシタン二十六聖人の殉教」で知られる。

さらに、徳川幕府によってキリスト教禁教令が発布され、一六二二年（元和《げんな》八年）には、同じ地で、キリシタン五十五人が処刑された。「元和の大殉教」という。

過酷なキリシタン迫害のなか、長崎・島原では、天草四郎を総大将として廃城（原城）に立て籠もった三万余の農民たちの一揆は、キリシタンの反乱として、幕府軍によって残らず殺害された。世にいう「島原の乱」である。

そのほか雲仙地獄など、各地にキリシタン殉難の悲劇が刻まれている。

キリシタン二十六聖人殉教の地とされる立山は、イエス・キリストが十字架に架けられた「ゴルゴタの丘」に似ているといわれる。現在、西坂の丘に、二十六聖人殉教の碑がある。

郁郎は、日曜日ごと、夜の明ける前に立山に登り、早天祈祷に仲間とともに参加した。

まさにいのちがけで、キリスト信仰に殉じた人々の血が流された地――。

暁闇《ぎょうあん》のかわたれどき、天に向かって祈る郁郎は、なにを感じ、なにを霊感したのだろうか。

長崎高商一年のとき、賀川豊彦が長崎を訪れた。郁郎は初めてじかに、賀川豊彦のキリスト教の講演を聞く。

結核の病身をおして講壇に立った賀川豊彦は、熱をこめた講演の半ばで血を吐いて倒れた。

その姿を目の当たりにした郁郎は、キリストのために烈々といのちを燃やすような賀川豊彦の人格に魅了される。

　賀川豊彦は、郁郎に声をかけ、手を取って言った。

「どうぞ今後ともよろしくおねがいします。イエスの御名《みな》のため、ともに殉教の血を嗣《つ》ぐものとなってください」

　そのことばに郁郎は感極まり、涙があふれて止まらなかった。賀川豊彦の手は柔らかくて温かかった。その夜、郁郎は興奮のあまり一睡もできなかった。

　のちに賀川豊彦からとどいたはがきを、貴重な宝物のように聖書にはさんで、いつも大切にしていた、と吉村騏一郎氏は言う。

　手島郁郎は、晩年になって、こう述懐している。

「今六十歳を過ぎて、聖書を講じながらつくづく思うことは、私には格別、先生という人がいませんでした。本を先生として学んできました。

　私の信仰は、まだ十四、五歳のなにもわからないときに、感動して読んだ賀川先生の『イエスの宗教とその真理』から始まっています。それほど、この一冊から植え込まれた信仰が、強烈に私を感化しています。

　あの博学な頭脳をもって、こんなに平易にキリストの愛と信仰を表わしてくださった賀川先生は、ほんとうに偉いと思います。天才だと思います」

## 光に包まれる

長崎高商に学ぶ郁郎は、経済学より、哲学や宗教、文学に興味をもって、それらの書を求めて読んだ。

哲学の学科では、試験で九十七点という高い成績をおさめている。

宗教書では、インドの不世出のキリストの聖者、スンダル・シング（一八八九〜一九二九）の『霊界の黙示』『主の膝下《しっか》に於《お》いて』などの著書と伝記に、郁郎は最も魂をゆさぶられた。「霊的に高い、信仰の深いものにふれようと、数冊をむさぼり読んだ」と語っている。

スンダル・シングは、インド独立の父ガンジー、詩聖タゴールとならぶインドの三大精神的巨人のひとりとされる、キリスト教の伝道者である。キリスト教をインド人らしく表現して、単純にして深く霊的真理を説いている。

『霊界の黙示』の序文を、手島郁郎はのちに聖書講話で紹介している。

この書において、私（スンダル・シング）は神が与えたもうた黙示を書き著わそうと試みた。

十四年前、コトガルにおいて祈りつつあるときに、私の眼はひらかれて天の幻を見た。そのとき見たすべてが非常に生き生きとしたものであったから、私は死んで、今や霊魂が天の栄光の中に入ったに相違ないと考えた。しかし、今に至るまでの年月の間、この種の幻はいつも継続的に与えられて、私の生涯を豊かならしめている。

この神秘な状態は自分の欲するままに入ることはできないが、たいがい、祈りの中か、瞑想しつつあるときに与えられ、天上の光景を見ることができるように霊眼がひらかれ、キリストとともに天的な栄光の世界を歩み、天使や諸聖徒と語ることができた。

この霊的交通による言い表わすことのできぬ入神《にゅうしん》の喜びは、私をしてその境地の祝福と贖《あがな》われた者との交わりに永久に入ることを渇望せしめる……。

長崎高商のころ、郁郎は、その深遠な霊的信仰の教えに感動し、魂は高揚して、書を読みつつ、この地上にいるものか、あの世に移されたのかもわからぬ、不思議な状態に入ったことがあるという。そのとき、ひとには意味のわからぬ霊的なことば、「異言《いげん》」が口をついて出た。これはしばしば起きた。この聞き慣れぬことば、異言については、あらためてのちに述べる。

手島郁郎から、若き日の師の体験を聞いた吉村騏一郎氏は、次のように記している。

ある冬の夜のこと。スンダル・シングの『霊界の黙示』を読みながら、まばゆい光に包まれたことがある。祈っていると黄金色にかがやく光の中に、白い衣をつけたひとりの人があらわれた。神秘な人が頭上に手を按《お》いて祝福した。驚いて目を見ひらいたが、その姿はたちまち見えなくなった。

再び目を閉じると異常な光のかがやきはさらに強くからだを押し包んだ。目を見ひらいても、まばゆい雰囲気は変わらなかった。

その瞬間、この光りかがやく方こそ、ナザレの主イエス、今も生けるキリストであると直覚した。この驚くべき経験は、ゆれうごく青年の信仰を不動のものとする支えとなった。

その霊的な体験のあと、郁郎が強く意識するのは、知的で教理的な欧米キリスト教と、スンダル・シングが知っている霊的な信仰の世界との違いだった。

郁郎は、そのころ身につけていたポケット聖書の裏表紙の内側に、筆記体の英文字でこう書き記している。

*Ikuro Teshima　The slave of the Lord.*　手島郁郎　主の奴隷

主の僕《しもべ》、ではなく、主の奴隷とある。キリストに一途《いちず》に仕え、働く者、という決意を感じさせる。

卒業アルバムの写真に、手島郁郎は、旧約聖書『イザヤ書』の聖句を添えている。

我生れ出《いづ》るよりヱホバ我を召《め》し、
我母の胎《たい》を出るよりヱホバ我名《わがな》を
語り告げ給へり　イザヤ

イザヤは紀元前八世紀のユダ王国後期の人。神のことばを聞いて、預言者として働く。『イザヤ書』の著者とされる。

イザヤのことばをひいて、手島郁郎は、生まれながらに負っている使命を、若き日の写真に刻印する思いだったのだろうか。

## 若き日の挫折

長崎高商の卒業を翌年に控えた一九三〇年（昭和五年）、日本は、ニューヨーク株式市場の大暴落に始まる世界恐慌が波及して、不況が深刻になっていた。たいへんな就職難の時代である。

手島郁郎は選択の岐路に立たされた。

「郁郎。台湾に来い」

台湾にいる父・務が一存で、郁郎の就職先を、給与が有利な台北商業学校の教諭と決めた。

「手島君、一橋《ひとつばし》（東京商大）に来いよ」

手島郁郎が尊敬する一年先輩で、東京商科大学（現・一橋大学）に進んだ戸崎誠喜《とざきせいき》（のちの伊藤忠商事社長）が受験するようにすすめ、励ました。戸崎は一か月、猛勉強して一橋に合格したひとである。

郁郎は父が用意したせっかくの就職口を捨てて、一橋受験を決心した。父は激怒したが、

「必ず合格しますから」

と郁郎は許しをねがって志を通し、ひたすら受験勉強に打ち込んだ。

しかし、入学試験は不首尾に終わる。手島郁郎はのちのち、こう語っている。

「ぼくの勉強は要領が悪いし、頭も悪いんだ。まあ、恥ずかしい話だが、ものの見事に落ちたよ。

落ちてよかった。ぼくの高慢な気どる性格をギャフンと砕かれたんだ。謙虚にされて、神の前にもういちど人生を考え直すようになった。身のほどを知ってありがたかった。

それで台湾の就職口も一橋も、二つとも失って、ルンペンになったよ。駅の固い木のベンチで寝ると、からだが痛いよりも心が暗くめいって苦しかった」

郁郎は熊本の家に帰るに帰れず、実際に失業の苦渋に遭った。

手島郁郎はのちに、「劣等生の私は……」などと話すことがあったが、姉の順子さんはこう述べている。

「郁郎さんは、自分は頭が悪かったので、とか、劣等生で……、というようなことをのちに話しますが、長崎高商卒業のときは、長崎の地方新聞に『本年の卒業生』と題して、長崎医大、長崎高商、活水女専の卒業生二人ずつを選んで、写真入りで紹介してあり、長崎高商には郁郎さんが選ばれていました」

手島郁郎は偉ぶるところがなかった。

# 第四章　信仰の苦悩の中から

手島郁郎・熊本商業教諭時代

## 内村鑑三の『求安録』にふれて

一九三二年（昭和七年）四月、手島郁郎は、母校の熊本商業学校の英語教師になった。

学級担任の挨拶が全くの型破りで、「私が諸君を担任している間に、みなひとり残らず、神の愛を知るひとに変えてみせます」と断言したので、生徒は肝をつぶした。（武藤光麿『思い出はふる星のように』より）

そこで、生徒たちが名づけたニックネームは、いわく「キリスト」。そして、「骸骨《がいこつ》」――。

痩《や》せぎすの青年教師は、ことごとに、キリストについて語ったのであろう。

このころ、手島郁郎は、実は、信仰上の理想と現実の違いに苦悩していた。

一橋受験に失敗して帰郷後、東京の日本神学校へ進んで伝道者になろうとも考えたが、教会の複雑な内情を知って、志望を断念した。

教会の尊敬する牧師が辞任し、若い牧師にかわってから、教会はごたごたがつづいていた。訴える力のない説教では、渇いた魂は癒《いや》されない。信仰の求めが熱心であればあるほど、礼拝後に満たされぬものがつのり、教会に行くのもつらくなった。

信仰上の理想と現実の矛盾に悩み、苦しんでいた手島郁郎を救ったのは、内村鑑三の著書

『求安録』との出会いであった。

一八九一年（明治二十四年）、東京の第一高等中学校（一高）の嘱託教員だった内村鑑三は、教育勅語奉読式で最敬礼をしなかったことから、皇室に対して不敬であると激しい非難を浴びて、職を辞した。いわゆる「第一高等中学校不敬事件」で東京から追われた内村鑑三は、のちに、身を潜めるように熊本に来て、熊本英学校で一学期間、教壇に立つ。その時期、熊本市の東の郊外、託摩原《たくまがはら》の仮住まいで『求安録』を書いた。

手島郁郎はのちに語る。

「この本を読みましたときに、内村先生が私同様に、いや、もっと深刻に神の救いを求めておいでになったということがわかり、涙なくして読むことができませんでした。

――いわゆる一高不敬事件の責任を問われて、全国民から、非国民よ、逆臣よ、と石撃《う》ちの罵声《ばせい》を受けられた先生でした。泣きつつ神の真理を、福音の順逆《じゅんぎゃく》を世に問うべく、孤独寂寥《せきりょう》の身で書き綴《つづ》られた名著こそ、『求安録』でした。

〈人は罪を犯すべからざる者にして、罪を犯す者なり。彼は清浄たるべき義務と力を有しながら、清浄ならざる者なり。彼は天使となり得る資格を備えながら、しばしば禽獣《きんじゅう》にまで下落する者なり……〉

こんな書き出しで始まる『求安録』を読み、私は初めて贖罪《しょくざい》ということを知りました。理想を求めることは清いことです。しかし、人間がどれだけ努力しても、なかなか理想に到達することはできません。人間は登れば天使のようになるが、下ったら餓鬼よりも浅ましい存在になり果てる。そして、登るのは難しく、下るのはいと易《やす》いことです。登ろうとすると、誘惑が足を引っ張り、登らせまいとする。下るだけ下ったら、人の心に安きはありません。そして、苦しんだ挙句《あげく》、ついに内村先生はキリストの十字架を知りなさった。その十字架の贖罪思想は、今のキリスト教の贖罪観とはだいぶ違っておりました。

内村先生の贖罪思想というのは、一本の右手が痛むと全身が痛んで、その傷を癒そうとするように、もし、魂が苦しみ痛んでいるときには、全宇宙の力が、キリスト御自身が、十字架に苦しみ、今も血を流しつつ、愛する者のところへやって来て、自分を救うという贖《あがな》いでした。

この贖罪（贖い）というものを、私は内村先生を通して初めて悟った。それからの信仰は、一八〇度変わってしまいました。

人生は矛盾が多い。しかし、矛盾を越えしめるものが、〈信仰〉ということであります。内村先生の信仰、無教会主義の信仰を知って、私は救われました」（講話「私の信仰の遍歴」、一九七一・一二）

手島郁郎は、欧米キリスト教の教理を説く教会の牧師と信仰上の問題で論争して、ついに教会から遠ざかる。そして、「無教会」の信仰に傾倒していく。

手島郁郎の無教会との出会いは、先に長崎高商一年の夏、無教会の伝道者、塚本虎二（一八八五〜一九七三）の聖書講義を聴いたことにある。

塚本虎二は内村鑑三の高弟で、伝道誌『聖書知識』を発行し、著書に『私の無教会主義』がある。内村鑑三の『聖書之《の》研究』の読者会をひらくために長崎を訪れ、その折に、新約聖書の『ロマ書』（ローマ人への手紙）を講じた。

当時、教会に通う信者だった手島郁郎は、無教会ということばに反発をおぼえながらも、神の義を熱く説き、神の愛を涙して説く塚本虎二の講義に、魂をひきつけられた。

無教会とは、なにか――。のちに、手島郁郎は、信仰講話でわかりよく話している。長くなるが、引用させていただく。

「日本的性格の無教会」

皆様からよく、「無教会の幕屋とはなんですか」といってお尋ねですので、「無教会」のことについて申し上げてみたいと思います。

キリスト教といえば、欧米諸国では、カトリックとプロテスタント（新教）の二つのキリスト教に大別されますが、日本では無教会という第三勢力があるのであります。

この無教会ということばは、明治三十四年に、内村鑑三先生が『無教会』という雑誌を出され、教会のない人や、教会に行けない人々にキリストの真理を伝えたい、という主旨で出されたのが『無教会』なのでした。

内村鑑三は、現在の北海道大学の前身、札幌の農学校に明治初年に入学された人です。そこでアメリカ人でクラーク大佐という校長が、熱烈な信仰をもっておりまして、その感化を受けた学生たちの影響で、彼も聖書を読み、キリスト教の信仰をもつようになったのであります。

キリスト教を知るに及んで、もっと、より深く信仰を学びたいと思って、内村鑑三は先進国のアメリカに学びにまいりました。

しかし、あこがれてアメリカにまいりましたものの、内村鑑三はすっかり裏切られ、その希望をつぶされてしまいました。

「アメリカには真実のキリスト教徒はいない」ということを見て、驚きました。

しかし、ただクラーク大佐の友人、アマスト大学の総長、シリー博士を知り、このシリー博士の導きで真の信仰を持つに至りましたが、そのシリー博士の信仰は、アメリカ流の信仰とは少し違った、ドイツ敬虔《けいけん》派の信仰、ボヘミアの人々の信仰に影響を受けたものだったといわれています。

とにかく、すっかりキリスト教国というものに落胆いたしまして、日本に帰った内村鑑三は、西洋流の翻訳版ではなく、日本人の血と肉で消化された真のキリストの真理を日本に伝えようとしました。

その間の事情は、*"How I Became a Christian"*『余は如何《いか》にして基督《キリスト》信徒となりし乎《か》』のなかに詳しく書かれてあります。

内村先生は、ご自身の純粋な信仰に比して、当時の日本のキリスト教が、ずいぶん俗化して、霊的でないことを嘆いて、あえて無教会主義を提唱し、当時の諸教会に対抗して、純福音を叫び出されたのであります。

もし、教会が健全であり、霊と真《まこと》とをもって神を礼拝されているならば、「無教会」などといわなかったと思います。（手島郁郎『信仰講話』第一話より）

熊本商業の教師になった年、福岡でひらかれた無教会の集会に参加した手島郁郎は、塚本虎二の講話を間近で聴講した。

感動して感謝の手紙を書き送り、師に教えを請うた。

「私はこれから無教会的な集会を始めたいと思いますが、信仰を進めるうえで、第一にどういうことを心がけたらいいでしょうか」

「そりゃ、きみ、ギリシア語を勉強したまえ」

意外な返事がかえってきた。

旧約聖書の原典はヘブライ語で書かれ、新約聖書の原典はギリシア語で記されている。聖書を研究し、正しく理解するには、欧米で翻訳された聖書からの日本語訳ではなく、原典をじかに読みなさい、というのである。

ギリシア語を独学で学んだという師にならって、手島郁郎はギリシア語を学ぶ。

また、上京したときは、いつも渋谷・美竹教会の浅野順一牧師のもとを訪ねた。日本のキリスト教会の霊的な目覚めと日本の国の救いを、熱涙をもって祈る浅野牧師に、手島郁郎はひきつけられていた。浅野牧師から『詩篇』一二一篇をヘブライ語で教えてもらい、さらにヘブライ語を独習して、暗誦《あんしょう》できるようになる。

「戦後、独立伝道に立ってから、聖書一本で、その真理を水で割らずに、確信に満ちて語りつづけることができたのは、若い日、ギリシア語の独習にこつこつ取り組み、聖書の理解に大いに役立ったからだといわれる」と、吉村騏一郎氏は述べている。

## 無教会の聖書研究会をひらく

無教会のキリスト信者は、教会には属さないで、集会して聖書研究や礼拝を行なう。教会堂は持たず、牧師の制度もない。

手島郁郎は自宅で、無教会的に「熊本聖書研究会」をひらき、ともに聖書を学ぶ。研究会には、熊本商業の生徒だけでなく、五高（旧制・第五高等学校）の学生たちも参加した。五高生のなかには、のちに国会議員となるひと、東京神学大学の教授となるひともいた。

世は、世界恐慌にひきつづく不況下の暗い時代で、一九三一年には、満州（中国東北部）で日中が軍事衝突して「満州事変」が始まる。

三二年には、海軍の青年将校らが首相官邸などを襲い、犬養毅《いぬかいつよし》首相を射殺する「五・一五事件」が起きるなど、世情は騒然として、険悪な空気をはらんでいた。

三三年、日本は国際連盟から脱退して国際的に孤立し、世界情勢が不穏になるなか、国を挙げて戦争へと傾斜していく。

一九三五年八月、手島郁郎は、津田英学塾を出て九州女学院の英語教師をしていた鈴木照世と結婚した。

ふたりは、照世の弟・鈴木辰行氏（のちに高裁判事・弁護士）の紹介で知り合い、たがいの熱烈な愛を実らせたのだった。結婚の記念の写真には、ウェーブのかかった髪、ひいでた額の面長の新郎と、気品ある眉目《みめ》うるわしい新婦の晴れ姿があり、ともに熱情を秘めた視線に毅然としたものを感じさせる。

照世の父、鈴木高志氏は朝鮮・釜山《ふざん》にあって、伝道に献身していた日本基督《キリスト》教会の牧師である。生涯を伝道に捧げた、古武士の風格をもつひとであった。

一軒家を借りて所帯をかまえてからも、手島郁郎は、一途に理想を追い求め、真理を求めていく。

姉の順子さんは見ている。

「郁郎さんは熊本商業の教師として、月謝も未納がちの貧困な家庭の子や問題のある子など、いつも三、四人の生徒を預かって、一軒の家で共同生活していました。

ねがうところは、イエス・キリストへの導きであり、自らの愛の実践でありました。

しかし、教員の薄給では、台所はいつも火の車で、その面倒を見ることも大変でありました。

照世さんは学校を辞めて、その生活のなかに飛び込んで、ともに理想の実現を担おうとしました。

郁郎さんとともに、照世さんの苦闘の生活がここから始まります」

また、こうも述懐する。

「照世さんは牧師の家に生まれ、敬虔《けいけん》な宗教的雰囲気のなかに、神と人とに愛されて育ちました。弟の妻として初めて対面したとき、その心の純真さ、しぐさのういういしさ、それでいて、私たちの大家族のなかにあって嫁として聡明でした。

弟は、常に心のなかに夢をもつもののように、つぎつぎとなにものかに魅惑されると、一切をなげうって、ぶつかってゆく、熱狂にも似た激しい性格をもちつづけました。

しかし、照世さんは私どものように常識的で平凡を愛したので、この弟との生活のなかでは、ずいぶん苦労も多かったと思います。

顔をあわせると、あれこれグチることもあり、その訴えには私も理解し、ほんとに同情しました。

それでも、胸のわだかまりの一切を吐き出してしまうと、照世さんは美しい笑顔にかえって、それらの一切を忘れてしまうようでした。

糸切り歯を見せて笑う照世さんの笑顔は、一番印象に残る美しい顔でした」

常に心のなかに夢をもつもののように、つぎつぎとなにものかに魅惑されると、一切をなげうって、ぶつかってゆく、熱狂にも似た激しい性格をもちつづけた、という姉・順子さんのことばは、手島郁郎の心情と生き方を言い得ているように思われる。

それは、手島郁郎が、後年、キリストを慕い、キリストの愛に殉じる献身、いうなれば「殉愛」に生きる独立伝道に徹した、烈しく貫き流れる心情であった。

戦争と不況の暗い世相にあって、折から、古賀政男作詞・作曲の歌謡曲『影を慕いて』が、藤山一郎の歌でヒットし、一世を風靡《ふうび》していた。古賀政男の人生を苦悩し、恋にすべてを捧げる魂の叫びが、後世にのこる不朽の名曲となる。

まぼろしの
影を慕いて　雨に日に
月にやるせぬ　我が想い
つつめば燃ゆる　胸の火に

身は焦がれつつ　しのび泣く

この恋の歌は、手島郁郎の心をとらえる。

君故《ゆえ》に
永き人生《ひとよ》を　霜枯れて
永遠《とわ》に春見ぬ　わが運命《さだめ》
永らうべきか　空蝉《うつせみ》の
儚《はかな》き影よ　我が恋よ

手島郁郎は愛唱するうちに、この歌にキリストを慕うわが熱い想いを重ねて、これが終生の愛唱歌となる。

## ボーイズ・ビー・アンビシャス

少年のころ、あれほど劣等感に泣き、悩んだ姿は、もはやない。

聖書に接し、キリストにふれたときから、郁郎少年は大きな変身をとげたように感じられてならない。

だれでもキリストにあるならば、その人は新しく造られた者である。古いものは過ぎ去った、見よ、すべてが新しくなったのである。(コリント人への第二の手紙五・一七)

熊本の肥後人気質《かたぎ》を表わす方言のひとつに「わさもん」がある。早生者《わせもの》が転じたのだろう、「新しものずき」のことである。手島郁郎は「わさもん」ぶりを発揮する。

その年、一九三五年にドイツのグライダー王、ボルス・ヒルトンが来日して、宙返りの実演をして見せると、手島郁郎は飛行機熱にとりつかれる。グライダー操縦免許を取得しようと、第一回グライダー指導者講習会に出席して、長野県の霧ケ峰高原で滑空訓練を受けた。訓練飛行のたびに、教官に怒鳴られた。

「機首が上がる！　危ないっ！」

生きた心地がしなかったというが、二級滑空士の免許を取得した。

「日本の未来は大空を制するにあり」

そう力説して、熊本商業でグライダー部の創設へ動く。予算を得てグライダー部が発足すると、熊本の東の帯山《おびやま》や阿蘇の草千里で合宿して、部員九名の滑空訓練を行なった。訓練中には、機体が地に激突する事故などもあって、照世夫人は、はらはらしどうしだった。

グライダー部の部長である手島教官は、ひとり飛行服で得意満面、さっそうと訓練場にやってきた。訓練の合間には、持ってきた愛用の蓄音機で、部員たちにクラシックのレコードを聴かせたりもした。

手島郁郎は情熱的なロマンチストであった。喜怒哀楽の感情が豊かなひとで、激しさ、優しさ、怒りと涙もろさ、ユーモアと愛すべき稚気《ちき》も合わせもっていた。

手島郁郎は、朝礼のたびに、クラーク博士について生徒たちに語った。熊商同窓会報『熊商』に、三十九回卒の加納正義氏が記している。

「私も三年生のとき、手島先生から英語を教わりました。そのとき、札幌農学校のクラーク大佐が叫んだ、ボーイズ・ビー・アンビシャス（少年よ、大志を抱け）の話をよくされました。信仰家らしい熱弁で話されるのを聞いたときは、感激して夢を見ているような気持ちにさせられました。

先生があるとき、『おい、加納。教会に来んかい。甲ばやるばい』と言われ、甲がもらえるなら行かにゃと思って、三回ほど行きましたな。そして貴重な甲をもらいました」

手島郁郎の生き方は一徹で、シビアでありながら、融通のきかない石頭ではなかった。くだけた面があり、あの手この手を考える。ときに、いたずらっぽく、うれしげに、にやりとした笑顔が、見えるように私は思う。

# 第五章　戦火燃ゆるとき

軍属となって中国へ（1939 年）

## 非戦論講演会を主催

一九三七年（昭和十二年）七月、日中両国は、北京《ペキン》郊外の盧溝橋《ろこうきょう》における発砲事件で、ついに交戦状態に突入する。日中戦争の発端となる「日華事変」である。

戦火は、中国大陸で拡大の一途をたどる。

実は、その前年、戦争への機運が高まるなかで、手島郁郎は、内村鑑三の晩年の弟子、政池《まさいけ》仁《じん》氏（伝道誌『聖書の日本』発行、著書『基督《キリスト》教平和論』）を熊本に招いて、戦うべからずと説く「非戦論講演会」を主催した。

それは、当時、反政府的な言論や思想を検閲し、取り締まっていた「特高《とっこう》」（特別高等警察）のマークするところとなった。

プロレタリア文学作家・小林多喜二《たきじ》が三年前、特高に治安維持法違反容疑で逮捕され、凄惨《せいさん》な拷問を受けて留置場内で死んだ。そんな険しい社会状況下である。

手島郁郎は、特高に数度にわたって厳しい取り調べを受けた。さいわい、逮捕、投獄には至らなかった。

特高はなお、手島郁郎の言動を監視しつづけた。

しかし、それに臆せず、手島郁郎は、日華事変の勃発《ぼっぱつ》直後にも、師と仰ぐ無教会のキリスト者、塚本虎二を聖書講習会に招く。

「どこでひらくか、計画はきみに任せる」

そう言われて、南阿蘇の地獄高原に、大天幕を張った会場を設けて、全国から百三十名の受講者を集めた。

折あしく強風で、大天幕が激しくはためき、揺れる。特高刑事が臨席して目を光らせるなか、塚本虎二は、『ロマ書』（ローマ人への手紙）を連日にわたって熱く講じた。

烈々と十字架の血の信仰を説き、無教会主義を語る。さらに、国家の将来を案じ、

「日本は神の大義に立って、国家百年の計を立てねばならぬ」

と説いて、中国大陸で事変（突発的な宣戦布告なしの武力行為）の戦火がひろがれば、やがて全面戦争となり、日本の将来を危うくするものである、とその非を訴えた。

塚本虎二は、しかし、特高刑事に講演中止を命じる言質《げんち》をつかませなかった。

夜、宿泊する地獄温泉の旅館清風荘で、手島郁郎は師に進言する。

「先生。非戦論でもっと斬り込んでください」

塚本虎二は応えて言った。

「非戦論を説いて悲憤慷慨《ひふんこうがい》するのもよい。若いきみは血が沸《わ》くことだろう。しかし、ぼくは非戦論で倒されたくない。ただ、キリストの十字架の旗の下《もと》でのみ斃《たお》れ、死にたいのだ」

師のこのことばに、手島郁郎は深くうなずく。

このことについて、吉村騏一郎氏は、こう述べている。

「伝道者としての使命感のゆえに、塚本先生は自分のはやる心を自制して、自らを全うされたが、このことは、その後の手島先生の伝道生涯に大きな教訓となった」(『わが師　手島郁郎』)

阿蘇での大天幕の講習会は、図らずも、奇しきエピソードを生む。

強風で天幕が吹き飛び、新品だった借り物の天幕が泥まみれになってしまった。手島郁郎は思わぬ多額のクリーニング代を弁償させられる。そんなこともあって諸経費がかさみ、教員の月給の三倍もの額になった。

塚本虎二は手島郁郎の労を多として、万年筆を贈る。

「これは内村鑑三先生から戴《いただ》いたものなので手放したくないが、感謝の記念にきみにあげよう。このペンで、内村先生は『聖書之《の》研究』の原稿を執筆された。私はこのペンを愛用して、『聖書知識』を書きつづけてきたんだよ」

それは、アメリカで創り出された万年筆の名品、ウォーターマンであった。

このペンで、手島郁郎はのちに、独立伝道の旗ともなる信仰誌『生命の光』の創刊号の原稿を書くことになる。

「二つのJ」（キリストと日本）のために生きることを使命とした、明治の不世出のキリスト者、内村鑑三から、その高弟の塚本虎二へ。そして、さらに手島郁郎へ――。

一本のペンながら、それには、キリストの福音に信じ、その愛に殉じる生き方を、ひとすじに嗣《つ》ぐものがあるように思われる。

## いのちの危機を越えて

中国大陸の戦火は、全面戦争に発展した。

日本は国を挙げて戦時体制となり、国家総動員法が公布される。さらに統制経済へ進み、産業も流通も国家管理が進むなか、やがて、日常に食べる米さえも自由な売買がままならぬ、配給制度へと移る。

統制経済では、商業学校も、商業教育の存在理由が薄らぐ。

青壮年の男子は軍に召集され、兵士となって、続々と戦地へ出征していく。国民皆兵の時代である。満二十歳以上の男子は、みな、兵役義務を負っていた。

しかし、手島郁郎には召集令状はこなかった。満二十歳になるときに受けた徴兵検査で、手島郁郎は丙種合格となっていた。丙種合格とは、身体虚弱で兵士として野戦には耐えられないという、事実上の不合格の烙印《らくいん》を捺《お》されていたのである。幼少のころからの痩《や》せっぽちの虚弱体質は変わらなかったのだろうか。

それでも、手島郁郎の国情を憂う気持ちは強く、人後に落ちなかった。

この時期、手島郁郎は、信仰上の悩みと迷いに陥っていた。

「このころ、スイスの神学者、カール・バルトやエミール・ブルンナーの神学書を読んで、信仰的確信を深めようとするが、逆に他人に批判的になり、信仰の喜びも失われ、次第に信仰や聖書の研究もおろそかになる」

のちに自ら語ったことばから、年譜にはこう記されている。

手島郁郎にとって、これは信仰のひとつの危機であったのかもしれない。

手島郁郎は、熊本商業学校を退職した。

日本人として、キリスト者として、役立つことはないか——。

当時、中国山西省太原の憲兵分隊長だった義兄（姉・順子の夫）、城朝龍《じょうともたつ》氏に相談すると、

「軍の占領地で宣撫《せんぶ》活動に当たる高等文官の試験があるので、これに応募してはどうか」

という返事がきた。手島郁郎はさっそく応じた。

一九三九年四月、北支派遣軍の特務機関要員の軍属（軍人でない文官）として、中国へ赴く。現地で、戦火を被《こうむ》った地域の経済産業の復興工作に当たることを志す。復興工作とは、商店や工場の開業の促進、金融の斡旋《あっせん》、市場の開設、農作物の収穫や出荷の促進などである。

手島郁郎は、山西省運城の特務機関の経済班長として派遣された。任務は、荒廃した現地経済を再建し、中国民衆の民心の安定を図ることにある。

運城の経済工作はかなり進展した。しかし、特務機関の経済工作班と軍参謀部の間に、摩擦が起きてきた。

キリスト者として、なにより、苦しんでいる中国人の暮らしの安定を先に進めようとする手島郁郎は、軍事作戦を至上とする軍参謀部にとって厄介《やっかい》な存在となったのである。

高級参謀の強いことばにも手島郁郎は与《くみ》せず、この軋轢《あつれき》は深刻なものとなった。

ついに、軍参謀は、手島経済班長を亡きものにしようと謀《はか》る。

その結果は、第一章「いのちの危機に」で、すでに述べたとおりである。

刺客《しかく》の凶刃《きょうじん》を逃れた手島郁郎に、さらにいのちの危機が迫る。監房の中で、手島郁郎は、ひたすら、神に助けを求め、懸命に祈った。祈るほかになかった。

「神様、助けてください！　助けてください……！」

閉ざされた闇に、ひとすじの光が射す。

軍は処置に窮して、手島郁郎を敵のいる凍《い》てつく曠野《こうや》に放逐した。いずれ、凍死するか、餓死するか。あるいは、敵に撃たれて果てるか。

しかし、手島郁郎は死線を彷徨《さまよ》ったすえに、九死に一生を得て、奇しくも熊本に生還する。

天の計らいあってのことだったろうか――。信仰の危機ののちに、いのちの危機を越えて、手島郁郎の信仰はより強められた、と私は思う。

## 反骨の精神的風土

それにしても――、と私は思う。
戦時下、反戦的な言論・思想に対して、特高（特別高等警察）による取り締まりで、拷問による取り調べや投獄など、きびしい弾圧が行なわれているさなかに、手島郁郎は、身の危険をかえりみず、あえて非戦論の講演会を強行している。中国・運城では、軍属の身で、軍の高級参謀の言にもかたくなに与《くみ》せず、あげくにいのちを狙われる危険にさらされた。

権威を畏《おそ》れず、時の権力に異をとなえても、おのれの信ずるところを貫こうとする。この反骨の気性は、どこに根ざしているのだろうか。

熊本には、肥後人気質《かたぎ》を表わす「肥後モッコス」ということばがある。権威への反骨、意地を通す正義感、頑としておのれをまげぬ一徹さのある男。大勢に逆らってわが道をゆく変わり者、「異風者《イヒュウモン》」ともいう。

手島郁郎の父祖の地の精神的風土を訪ねる。

手島家のルーツの地は、熊本市の南西部のはずれ、八分字《はふじ》町である。

旧・八分寺《はふじ》村は、稲田がひろがる農村であった。手島家は、細川藩主より禄高三百石余の土地を与えられ、祖父・手島眞四郎はこの地の長の役にあった。

父・務の弟、議《はかる》は、明治の日本が帝政ロシアと戦った日露戦争（一九〇四〜〇五）に出征し、戦死している。村が建立した「日清日露戦役記念碑」の戦没者の名のなかに、海軍一等機関兵、手嶋議と刻まれている。

手島家は、戦死した議が靖国神社にまつられたのを機に、浄土真宗から神道に宗旨がえした。一家は信仰心の篤《あつ》い家風であった。

すぐ隣の村（内田村、現・内田町）に、由緒ある新開《しんかい》大神宮がある。この神社は、明治維新後に起きた旧士族の反政府の戦い、「神風連《しんぷうれん》の変」の決起の地である。

維新後、わが国古来の伝統を徒《いたずら》に廃して、欧米化を急ぐ明治新政府の政策に、旧肥後藩の勤皇の志士たちはつよく反発した。

熊本の勤皇派国学者、林桜園《おうえん》は「神事は本《もと》なり。人事は末《すえ》なり」「神《かん》ながらの道に帰れ」と説く。その教えを受けつぐ、旧肥後藩の敬神党の同志たちは、新開大神宮の神前に神慮をうかがう受霊《うけひ》の祈りをし、挙兵を認める神託をうけて、一八七六年（明治九年）十月、百七十余名が兵を挙げて、熊本城に駐屯する政府軍（熊本鎮台《ちんだい》）を襲撃した。西南戦争の起きる前年のことである。

神風連の志士たちは、ほとんどが戦死、あるいは自決――。敗れることは覚悟のうえ、神の意に従い、信仰に殉じた。

世の中はただ何ごともうちすてて
　神をいのるぞまことなりける
　　林桜園・詠

世は、人間が中心ではなく、神こそが主。「神事が本なり」と神慮を奉じて殉じた神風連の志士たちの死は、さだめし、手島郁郎の心をつよく撃《う》つものがあったのであろう。

われら生くるも主のために生き、死ぬるも主のために死ぬ。然《さ》らば生くるも死ぬるも我らは主の有《もの》なり。（ロマ書一四・八）

主キリストの愛に殉じる志の手島郁郎は、のちに独立伝道の旗ともいえる信仰誌『生命の光』を創刊するとき、『神風連の思想を嗣《つ》ぐもの』と題する一文を掲げる。

ちなみに、熊本は、「熊本バンド」が生まれた地である。一八七〇年（明治三年）に藩によって設けられた熊本洋学校で、アメリカ人教師L・L・ジェーンズ（大尉）の霊的感化を受けた若者たちがキリスト教に入信し、一八七六年一月、有志三十五名が早暁の花岡山《はなおかやま》の頂に登って祈り、生涯をキリストに捧げる血盟をした。この熊本バンドと呼ばれる若者たちのなかから、のちに、ジャーナリストで評論家の徳富蘇峰《そほう》、教育家・思想家の浮田和民、宗教界では海老名《えびな》弾正《だんじょう》ら、重きをなす人物が輩出した。

戦後、独立伝道に立った手島郁郎は、自分のもとに集う若者たちを連れて、しばしば、花岡山に登った。明治の若者たちの血盟の地に立って、すべてをキリストに捧げようと誓い合った彼らの熱誠をしのんでいる。

# 第六章　時の荒波を越えて

家族とともに（1945年、朝鮮・釜山）

## 実業人として活躍

挫折の失意を胸に、中国から帰郷した手島郁郎を、思わぬ悲しみが襲う。熊本の留守宅で、二歳の長女・素子《もとこ》が、ジフテリアで亡くなっていた。

中国で軍にいのちを狙われていたとき、ある夜、幼い素子が夢枕に立った。素子はわが身代わりになって天に召されたのだ、と感じて、手島郁郎は慟哭《どうこく》した。

深い悲しみと失意のなかから、手島郁郎は、やがて、実業人として立ち上がる。長崎高商時代の先輩、伊藤正一氏の紹介で、一九四〇年（昭和十五年）十二月、朝鮮（韓国）・釜山《ふざん》市にあった石油輸入販売の商社「立石商店」に入社し、総務課長となった。

ここで、手島郁郎は、水を得た魚のごとく活躍する。若き番頭役として、猛烈に頑張り、会社を盛りたてる。

立石良雄社長は、釜山で蝋燭《ろうそく》製造業を起こし、実業界の荒波をくぐって、さらに石油業界に進出し、「立石石油王国」ともいわれる一代を築いた実業家である。その人をして驚かすほどの敏腕ぶりを手島郁郎は発揮し、篤《あつ》い信頼を得て、大事な仕事を任される。

しかし、中国大陸での戦火の拡大で、戦時統制令が強化され、産業界の統合が進んで、立石商店も、まず汽船部門が統合され、さらに石油部門が統合合併になった。加えて、原料の入手難、人手不足で仕事が減っていく。なにか、新しい事業を開発しなければならなかった。

そんな危機的な状況に向かっていたとき、立石社長が急逝した。

一九四一年十二月八日、日本軍のハワイ真珠湾攻撃、マレー半島上陸で、大東亜戦争（太平洋戦争）が勃発――。

日中戦争に加えて、日本は、アメリカ、イギリス、オランダ、さらにはオーストラリアなど連合国と戦う、第二次世界大戦に突入した。

軍需物資の需要がますます高まる、四二年――。立石信吉社長（二代目）のもと、手島郁郎は、釜山で子会社「朝鮮軽合金工業」の設立に当たり、専務となって采配《さいはい》をふった。

現代の戦争で、航空機は最も重要な兵器である。その増強が急務であったが、航空機の製造に欠かせないアルミニウムの資源が逼迫《ひっぱく》していた。

朝鮮軽合金工業は、冶金《やきん》学を修めた近藤技師長ら優秀な技術陣を擁《よう》して、釜山港の埠頭《ふとう》の対岸にある牧之島（影島《ヨンド》）に工場を建設した。

軍より廃棄された軍用機の払い下げを受けて、ここに集め、解体して高熱で金属を溶かしてアルミニウムを取り出す。そして、再生したアルミニウム・インゴットを、軍の航空廠《しょう》に納入した。

当時、六、七歳で、釜山の父のもとにいた、手島郁郎の長男・寛郎氏は、その工場を見ている。二〇〇五年、映像取材のインタビューに答えて、現地でこう話す。

「海岸沿いの大きな敷地に、多いときには壊れた飛行機が何百機も山積みになっていて、近くに体育館ぐらいの、金属を溶かしてアルミニウムなどを取り出す工場が、二棟か三棟あったように思います。

（いま思えば）やっと父としては、歳三十二、三でこれをやったんですから、経済人としてどうだ、やったぞ、と内心、鼻高々だったんじゃないでしょうか」

この軽金属再生の新技術は、世界水準を抜くものであった。手島郁郎は軍の上層部に自社の技術の優秀であることを熱く訴えて、朝鮮軽合金工業は陸軍平壌航空廠の特別指定工場となり、中国各地での軍用機の廃機の払い下げを受ける。

独自の発想と行動力で事業をひろげていく、手島郁郎の辣腕《らつわん》ぶりを、立石社長はこう評した。

「手島は悍馬《かんば》だ。あれは先代社長しか手綱がとれない」

たしかに、暴れ馬に例えるほどの働きぶりであった。

手島郁郎は、戦時下、実業に精力を傾注しつつも、心のうちにはキリスト者として伝道の篤い志を抱きつづけていた。

日本の下関と釜山を結ぶ「関釜連絡船」が発着する、釜山港の埠頭で、手島郁郎は、義父である釜山教会の鈴木高志牧師に会って、相談する。

しかし、義父のことばは、手島郁郎に厳しかった。

長男・寛郎氏は、そのときのことを、父から聞かされている。釜山港の埠頭で映像取材を受けて、述懐する。

「あのカンプフェリー、当時は関釜連絡船といいました。昔はここに金剛丸という大きな船がありました。ぼくもこの船に乗って釜山にやってきたんですけども。ぼくが幼稚園のころだったと思うんだな。

（母方の）鈴木のじいさま、鈴木牧師という立派な牧師先生。侍の風格をもった、とっても厳しいおじいさんだったよな。

この波止場で、父に向かって、お前なんか伝道者になれるわけがないって、言われたって、父はなんどもそのことを話して聞かせたよな……。

でも、六十年経って、振り返ってみると、人間の思いと違うことを、ほんとに一人ひとりに、神様はしていてくださるということを……」

胸がつまったか、しばし、ことばがとぎれ、ただ天を仰ぐ。晩年の手島郁郎に似て、白い鬚《ひげ》をたくわえた頬を、ひとすじの涙が伝う。遥かな沖を見やって、

「ああ、この風の音、海のにおい……。父はそのころ、どんな思いで、どう感じたんだろうね……。猛烈サラリーマンでいたから、鈴木のじいさまから見れば、こんな男に牧師は務まらないと思ったのも、当たり前だと思うけども……。

五十年、六十年経つ時間のなかに、人間以上のものを働かせてくださる……、神様のご愛というものは、すごいことがあるんだな……。ありがたい」

語り終わると、ひとしずく、涙がこぼれ落ちた。

## 大波乱のとき

朝鮮軽合金工業で、手島郁郎の派手な動きは、次第に古参の幹部たちから疎《うと》んじられるようになる。加えて羨望や嫉妬もからみ、手島郁郎は、立石商店を辞めざるをえない立場に追い込まれた。

退社した手島郁郎は、しかし屈せず、新たに「旭《あさひ》航空工業」を起こす。そして、一九四四年、

中国山西省の北、当時・内蒙古の炭鉱の街、大同市に、中国全土の軍用機の廃機処理を一手に引き受ける「蒙彊《もうきょう》金属工業」を設立した。

社長の手島郁郎は、家族を釜山に住まわせて、単身、大同で活動し、事業をひろげていく。

戦局は、日増しに日本が敗色を深めていた。

この年の夏、日本本土を護《まも》る絶対国防圏として、中部太平洋の防衛の重要拠点であったサイパン島は、圧倒的な米軍の猛攻を受け、守備の日本軍が玉砕《ぎょくさい》（全滅）して占領された。

米軍は、制圧したサイパン、テニアンなどを日本本土爆撃の戦略基地として、この年十一月から、超長距離重爆撃機Ｂ29「超・空の要塞」による、日本の主要都市の爆撃を開始した。

一九四五年（昭和二十年）になると、戦局は一段と熾烈《しれつ》になった。本土の街々は、空襲を受けて焦土と化していく。三月十日未明、帝都（首都）東京は、Ｂ29三百機による大空襲で、下町一帯が焼け野原となり、死者は十万人にのぼった。

日本軍は、米軍など連合軍の猛攻を受けて、各地で敗退がつづく。三月、東京南方の硫黄《いおう》島の守備隊が玉砕した。さらに四月、米大軍が本土の一角である沖縄本島（沖縄県）に上陸した。激しい戦闘で住民は戦火に巻き込まれ、多くの犠牲者を出す。六月、守備軍が玉砕して、沖縄県は米軍に占領された。

熊本は、たびたび、米軍機の攻撃を受け、七月一日深夜、Ｂ29百五十機の大空襲で街の中心部など多くが焼かれた。

手島郁郎は、釜山市に残した家族のことを案じて、この月十五日、より安全と思われる大同市に引っ越させた。

それから一と月後の、八月十五日――。

日本は、連合国に降伏。敗戦、というかつてない破滅的な事態に立ち至った。

折から、手島郁郎は工場建設の計画を進めるために、朝鮮のソウルに来ていた。宿泊していた朝鮮ホテルで、ラジオによる終戦の「玉音《ぎょくおん》放送」(天皇の詔勅の放送)を聴く。

手島郁郎は、あまりの衝撃に打ちのめされ、よろけつつ、自室にもどった。

このときのことを、のちに、こう述べている。

「天皇陛下のご詔勅を聴いて、私は茫然《ぼうぜん》となった。信じることができませんでした。

やっとベッドまでいったとき、哭《な》き伏しました。

神様……! 日本が負けましたのは、私のためです……!

私が悪かったからです……!

私は戦時成金でして、金を持っていました。こんな私がおるから、日本は負けたんだ、と思ったとき、神様に詫《わ》びました」

戦争で、多くの人々が死んでいった。家を焼かれ、財産を失った。しかし、自分は生き残り、戦時成金になっている。手島郁郎は、だれにも詫びようのない、罪深さを感じた。

ひざまずき、神の前に罪を悔いた。

「神様。私は懲《こ》らしめを忘れません……。

どうか、故郷に帰してください。妻や子たちは、万里の長城の彼方の、大同におりますが、どうか無事に帰ってきますように……。

もし、私も日本に帰ることができましたら、もう一度、死んで生まれ変わった気持ちでやり直します。どうか、帰してください……！」

泣きながら祈った、という。（ラジオ放送「いのちの光」より）

朝鮮でも、中国でも、敗戦の日を境に、在留日本人の立場は覆《くつがえ》り、逆境に落ちて、いのちも危うくなった。しかし、手島郁郎が大同の家族のもとへ戻る途《みち》は、すべて断たれた。

どうしようもなかった。

手元に、巨額の工場建設資金があった。手島郁郎はやむなく、船をやとって、嵐で荒れ狂う玄海灘を渡り、対馬《つしま》を経て熊本へ向かった。

妻と子たちは、音信も断たれ、異国の地に残された。幼い三男・成郎は、敗戦後まもなく、大同で病で亡くなった。照世夫人は、引き揚げの労苦が重なり、肺を病む。

一家は、辛うじて、激動の時の荒波を越え、ふるさと熊本に帰り着いた。

# 第七章　阿蘇の荒野の果てに

阿蘇・おかまど山（東に爆裂火口）

## 日本をどう復興するか

郷里の熊本は、度重なる大空襲で街が焼かれ、荒廃していた。

九月には、米軍の占領軍が進駐してきた。

史上かつてない敗戦という異常事態に、日本中が混乱し、人心が荒《すさ》む。国土は荒廃して、深刻な食糧不足で人々は飢えに苦しみ、餓死者も出る危機にあった。

熊本でも、闇取引の品を売る闇市に、食べ物を求めてひとがたかっていた。

この日本を、どう復興するか——。手島郁郎は思いめぐらす。

まず、当面の食糧危機をどう乗り越えるか——。持ち帰った資金を活かして、餓死者を出さないように、食糧生産に役立てたい、と考えた。

そこで、かねてより尊敬するキリスト者で農民運動家の杉山元治郎氏（のち、衆議院副議長）を東京に訪ねて、教えを請う。

杉山氏は、「石臼《いしうす》がロシアを救った」ということばを引いて、こう説いた。

「一八一二年、ロシアがナポレオンに攻め込まれ、国民が飢えに苦しんだとき、植物の葉、茎、皮など、口に入れられるものはなんでも臼でひき、粉にして食った。粉食が飢えた国民を救う」

これは自分にできることだ、と手島郁郎は確信した。

直ちに、熊本市辛島《からしま》町八十八番地の、戦災を免れた二階建ての社屋を求め、「熊本厚生産業株式会社」を設立する。さらに、熊本駅に近い春日《かすが》町に、古い建物つきの土地二百坪を買って、製粉工場を設けた。

そこに、最新の百馬力製粉機をすえつけ、さっそく、小麦を主に、トウモロコシ、ドングリ、乾燥した海藻などを粉にして、つぎつぎ出荷した。

さらに、塩田での塩づくり、海藻を使った代用醤油製造も試み、漁船と漁業権を入手して、漁業に手をひろげる。

実業家、手島郁郎の面目躍如である。ときに、三十五歳――。

熊本厚生産業の本社と製粉工場に、三十数名の社員がいた。

当時、十八歳の吉村騏一郎は、製粉工場に住み込む形で働いた。のちに、手島郁郎の伝道の弟子となり、伝道者となる。

彼は戦争末期、熊本商業学校から海軍経理学校に入ったが、敗戦で復員すると、母校の推薦で、同窓の先輩が経営する熊本厚生産業に入社した。

二階の社長室で、初めに面接を受けたときの手島社長の印象を、吉村氏は映像取材のインタビューに答えて、

「なんかちょっと、気障《きざ》っぽい感じがあって……。ふちなし眼鏡のね、ダンディーな格好の、グレーのダブルの背広に細い赤い縞《しま》がはしってってね。まだ覚えていますよ」

と苦笑し、述懐する。

「でも、眼鏡の奥のまなざしに、キラリとひとを射すくめる鋭さがありました」

手島郁郎は会社経営に当たりながらも、伝道することを考えていた。

社員たちに旧新約聖書を贈った。会社の始業前に、十五分間、聖書を読んで、朝礼を行なう。日曜日は「聖日」として、辛島町の本社の社長室で礼拝を行なった。

吉村騏一郎氏は、今日の熊本幕屋の二階集会室の一隅に立って語る。

「前は、ここは熊本厚生産業の社長室でありまして、いっしょに数人の本社勤務のひとたちが仕事をしていました。

中央に丸い大理石のテーブルが置かれていましてね。日曜日になりますと、そのテーブルのまわりに何人か集まって、社長のプライベートな聖書のお話がなされました。

聖書について難しいお話だったんですけども、私たちは出ましたよ。それというのも、お話が終わると、当時はなかなか手に入らない、おいしいココアやケーキが出るのが楽しみでね。

食欲旺盛の若いころでしたから、つづけられたんだなあ、と今、思いますよ」

若い社員たち数人を相手に、ここで始めた、個人的な聖書研究の集い――。

これが、のちに起こる「キリストの幕屋」運動の萌芽《ほうが》であった。

一九四六年、この熊本厚生産業の二階で、たびたび無教会の伝道者を招いて、伝道集会がひらかれた。集会では、照世夫人がオルガンを弾いた。四七年一月には、内村鑑三の教えを受けたキリスト者、矢内原《やないはら》忠雄（一八九三～一九六一、経済学者・東京大学総長）もこの集会に訪れている。

## 危機に追い込まれて

一九四七年のある日、手島郁郎は、戦後の日本に現われてくる特徴について、重要な神の黙示を受ける。

その黙示について、のちにこう語る。

「ちょうど、私が三十七歳、信仰して二十五年目のときでしたが、戦後の日本について、神はこんなに黙示されたことがあります。

『我はこの国に飢饉《ききん》を送る。それはパンの乏しきにあらず、水の渇きにあらず、主エホバの言《ことば》を聞くことの飢饉である』（アモス書八・一一）と。

このアモスの預言どおりにひどい霊的飢饉の暗い時代がやってくる。それが戦後の日本の特徴だ、とお示しでした。

人間がひとらしく生きられるのはパンによらず、実に神のことばによる、とイエス・キリストもいいました。

飢え渇く霊魂に神のことばを告げるようにといって、私を促したまいました。

私は神の御声《みこえ》に聞き従おうとしながらも、乏しい自分の身の程をかえりみては、決心がにぶり、心もたついておりました。

ところが、はしなくも、神は私から娑婆《しゃば》っけな心を抜きとり、煩悩《ぼんのう》を浄《きよ》めようとして、危ない目に遭わされたことがあります」

熊本厚生産業本社の一階では、照世夫人が開いた喫茶店「ムーンライト　月光」が、クラシック・レコードを聴かせる音楽喫茶として客を集めていた。客の求めに応えて、洋食も供するようになり、人気をひろげた。

片や、手島郁郎は、杉山元治郎氏（前述）に請われて、社会党熊本支部の創立に協力する。選挙では、私財を投じて支援し、国会議員や市長を送り出す。その一方で、よりよい経済社会の実現をめざす経済同友会の組織づくりにも尽力していた。

傍目《はため》には派手に見えたであろう、そんな活動ぶりに目をつけられたか、税務署から巨額の見込み課税がきた。さらには、税金未納の嫌疑を受け、家財を一時、差し押さえられる。

熊本厚生産業では、思わぬトラブルが起きてきた。

当時、主要食糧は配給制度で管理され、製粉の原料である小麦やトウモロコシなどは、農林省の出先の食糧事務所が割り当てていた。その食糧事務所がいい原料をまわさなくなった。手島郁郎は、肥後モッコスらしい権力への反骨で、事務所に袖《そで》の下（賄賂《わいろ》）を使わなかったからだともいわれる。

追いうちをかけるように、会社所有の漁船が、八代《やつしろ》海で暴風雨に遭って沈んだ。漁業権は人手に渡った。

熊本厚生産業は仕事が減り、ほかで試みた海藻による醬油造りも失敗した。

すべてが裏目に出て、会社は休業状態に陥り、多くの社員たちが辞めていった。

八月、熊本厚生産業は、創業二年にして解散した。

手島郁郎は、「ムーンライト」の経営を照世夫人にまかせて、ひとり、奥の屋根裏部屋の狭い書斎にこもった。伝道の志は失うことなく、聖書に読みふける日々がつづく。

この年九月には次女・虹子が生まれる。照世夫人は乳飲み子を抱える身で、家計を支えようと弱いからだにむち打って働いた。

窮迫した一九四八年、手島郁郎は、あの危機に直面する。第一章で述べた「慶徳小学校事件」である。

その前年、四七年三月に教育基本法・学校教育法が公布されて、現在のように小・中・高校を「六・三・三制」とする学制改革が行なわれ、新制中学が設置されることになる。

熊本市では、手島郁郎の長男・寛郎らが通う近くの慶徳小学校を、分散し廃校にして、四八年三月に新制中学の校舎に転用する話がもちあがった。それというのも、熊本を管轄している米占領軍の教育担当の軍政官ピーターゼンが、独善的でほしいままに指示したからである。

明治七年創立の「慶徳学校」に始まる永い伝統も、学童たちの通学の利便もまったく無視した軍政官の専横な指示に、親たちは困り果て、子どもたちは泣いた。

片や、熊本市の当局者、関係者のなかには、自己の保身と利益を図って、時の権力者である軍政官にへつらう卑劣な者もいた。

権力者の専横とそれに追従《ついしょう》する者の浅ましさを、手島郁郎は看過できなかった。占領軍軍政官に楯突《たてつ》けば、火を被《かぶ》ると知りつつも、生来の反骨精神に火がつく。

義を見てせざるは勇なきなり――。ついに、廃校に抵抗する父兄たちの運動の先頭に立つことになる。英語ができる手島郁郎が、嘆願書を書いて軍政官に提出した。

さらに、軍政官の非を訴える多くの投書が軍政部に寄せられた。

そんなことから、軍政部幹部の夫人たちも実情を知り、「子どもたちの心を傷つけてはいけない」と言い出した。

思わぬ動きに、ピーターゼンは驚き、やむなく慶徳小学校閉鎖の指示を撤回した。

しかし、それでことは収まらなかった。ピーターゼンは手島郁郎の反抗に怒った。

「テシマは軍政に有害な人物だ！」

その意を受けて、法務担当官のビッグス大尉が、手島郁郎の逮捕を警察署長に指令した。

ある日の夕刻、警察官が米軍のＭＰ（憲兵）とともに、突然、「ムーンライト」など手島郁郎の身辺の家宅捜査を行なった。その結果、備蓄米として保管していた三斗（約四十五キログラム）ばかりの米が発見され、闇米隠匿《やみごめいんとく》で摘発される。

当時、米は食糧管理法によって配給制度下にあったが、遅配や欠配になることがしばしばだった。生きていくために、闇米を買わずにはすまなかった。闇買いを拒否して、栄養失調になり、餓死した裁判官がいた。そんな時代である。各家庭では、イモなど代用食でできるだけ米を食べのばして、蓄えるようにしていたのである。

軍政官ピーターゼンは、手島郁郎は闇米を隠匿していたとして、食糧管理法違反などで別件逮捕させようとした。「テシマを沖縄へやって、重労働に服させよ」と要求した、とも伝えられている。

手島郁郎が横暴な軍政官の指示に反抗した、ことの真相を知る警察署長は、見かねて告げた。

「手島さん、逃げなさい」

そこで、手島郁郎は、南阿蘇の山中へ逃れたのだった。

## 阿蘇　荒野の召命

噴煙をあげる阿蘇中岳の火口の南西、およそ四キロに位置する、おかまど山（標高一一五〇メートル）は、東の山腹を裂く、大きな爆裂火口跡をとどめる山である。

その西の山懐《ふところ》の谷あいにひそむように地獄温泉がある。

ここは、かつて手島郁郎が強風下、大天幕を張って、無教会のキリスト者、塚本虎二の聖書講習会を催した地である。

南郷谷《なんごうだに》の阿蘇下田駅（旧・高森線）から、手島郁郎はひとり、木々に覆われた急坂を登ってきて、地獄温泉の湯宿、清風荘に身を潜めた。

隠れ里とも呼ばれる奥阿蘇の、古くからあるひなびた湯治場である。

夜が明けると、手島郁郎は追っ手から逃れるために宿を出て、日が暮れるまで裏の山に身を隠した。


いま、現地を訪ねる。

温泉旅館清風荘の裏手の細い道を登っていくと、ほどなく、地獄谷に行き当たった。険しい岩場が広がり、地から熱湯が湧き出して、あたりに白い湯気が立ちのぼっている。

「危険！　火山性ガス　立ち入り禁止」

と警告の立札があり、亜硫酸ガスの硫黄臭が鼻をつく。

熱気のこもる地獄谷の岩々をよじ登り、さらに奥の茂みをかいくぐって坂を登りつめると、おかまど山の麓《ふもと》にひろがる台地に出た。

いまは、牛の群れが草をはむ広い牧場になっていて、横切る舗装道路を観光バスが走る。こののどかな情景からは想像し難いが、手島郁郎が逃避した当時、一帯は、荒涼たる茅《かや》原だった。地獄高原と呼ばれるのもうなずける、寂莫《せきばく》の地である。

東に、おかまど山の頂を間近に仰ぐ。ここは標高一千メートルに近い高地である。曇れば、暗雲に閉ざされ、西の谷あいの彼方へ陽が傾けば、寒気に包まれる。

手島郁郎は、この地に潜むこと、十数日――。ついに力尽きる。地に跪《ひざまず》き、天を仰いで、ひたすら神に救いを求めて祈りつづけたのだった。

現地に立って、長男・寛郎氏が語る。

「ここなんですよね、おかまど山というのは。こんなところまで来るほど追われていた。こんな山奥、昔はこんな立派な道はないし、あの当時は草ぼうぼうだったでしょうけど、そんなところを掻《か》き分けてでも逃げてくるほど怖かったんでしょう。

でも、そんな人間に神様は声をかけてくださったって……。ありがたいことです。そんな人間をつかまえて、神様は尊い生命《いのち》をぼくらに注いでくださったことを、ほんとに感謝します」

この地で、手島郁郎は天よりの光に入れられ、イザヤ書三〇章の聖句の霊示を受けて、伝道せよ、との神の意を体した。

ときに、三十七歳――。神に課された伝道の使命に生きる、と誓う。

いまは牧場になっている広がりのなかほどに、水の溜まった窪《くぼ》地《ち》がある。指さして、寛郎氏はいう。

「あの向こうに見えるちょっと平らなところがありますね、水溜まりがあって、いま牛がいますが、あのあたりを父がさして、自分が神様の召命を受けた、神様の声を聞いた場所だと言っていたそうです。

それまで無学のただびとであった、サラリーマンで、あるいは実業家にすぎなかった者が、それからの違った人生を歩む決定的なよすがになった、チャンスを得た場所だと申しています。

ただ、そこでぴかぴかの人間になったというんじゃありません。ほんとだろうか、大丈夫かな、と半信半疑で山から下りてきたんです。

神様の声を聞いたから、私はさあやるぞ、と下りてきたんじゃ絶対にない。ほんとに大丈夫かなあ、大丈夫だろうかって……。

こんな山奥に逃げ込んで、そういう尊い体験があったとしても、やはり不安を拭いきれないような、そんな人間の弱さをもっている。

だが、一方、ほんとにそれから、普通のひとじゃなかなか体験できないことを、神様は手島郁郎という個人にもなさいましたし、ぼくら幕屋人《まくやびと》にもしつづけてくださったんですね」

立ちのぼる阿蘇中岳の噴煙をのぞみ、天を仰ぎ見る。期せずして、私は旧約聖書『出エジプト記』を想い起こす。

若き日のモーセは、エジプトで同胞のヘブル人《びと》（イスラエル人）を虐待するエジプト人《びと》を殺害したため、シナイのミデアンの地へ逃れた。

　羊飼いに身をやつしたモーセは、ホレブの山（シナイ山）で、柴の燃える火のなかに神の声を聞く。「イスラエルの民を救え」と――。

　手島郁郎は、米占領軍の軍政官に追われて、阿蘇の山に逃れた。

　地獄高原で行き詰まり、天を仰いで助けを祈り求めた。そのすえに、奇しき光に入れられて、神の召命を受ける。「伝道せよ」と――。

　そこで、ぴかぴかの人間になったのではない。そういう尊い体験があったとしても、やはり不安を拭《ぬぐ》いきれない、人間の弱さをもっていた、と長男・寛郎氏は言うのである。

　たとえ、弱いただびとであったとしても、しかし、ひとは変わる。

　悩みも苦しみも哀しみも抱える市井《しせい》のひと、手島郁郎――。伝道を決意して、阿蘇の山を下っていく前途に、茨《いばら》の道がつづく。

# 第八章　独立伝道の茨《いばら》道《みち》

聖書を手に　手島郁郎（熊本幕屋で 1951 年頃）

## 我が道をゆく

実業家としての身を捨て、一切の事業から離れて、伝道ひとすじに歩み出そうとした手島郁郎は、思わぬ抵抗に遭う。

謹厳実直な牧師の子として育ち、伝道者たるものの苦難、暮らしの厳しさを知る照世夫人が、強く反対した。

手島郁郎はのちにこう語っている。

「私に強く反対したのは妻でした。

――あなたみたいなひとが伝道なんかできるもんじゃない。私の父は立派な牧師だった。けれども、伝道者であることが、どんなに辛いものか……。ばかなことはせんでください。私はひとの物笑いにまでなりたくない。

そう言って、もう激しく抵抗したものです。けれども、神様は、しゃにむに私を伝道の場に駆り立てなさいました」

手島郁郎は夫人の反対をおしきって、苦難覚悟で伝道に専念する。もとより、教団や教会に拠《よ》らない、独立した伝道である。

一九四八年（昭和二十三年）六月。辛島町の元熊本厚生産業本社の一階奥に家族とともに住む手島郁郎は、社長室のあった二階の片隅で、一年ぶりに聖書研究会をひらいた。元社員だった青年たちに呼びかけたが、集まる者は数人というさびしさだった。蔵書は哲学書や文学書が多く、伝道に必要な書籍を幾度も東京へ買いに行った。こつこつと聖書の勉強をまず始めた、という。

当時のことを述懐して、のちに記念講演（阿蘇、一九六五・一一）で語る。

「なんとか聖書研究会をするが、ほんとうに背骨の入った信者をつくらねばならぬ。そのためにはどうしたらいいだろうか、阿蘇で合宿して聖書研究の集会をしよう、と思いまして、何人かに一緒に行こうと呼びかけました。私が一番頼りにしていたのは吉村騏一郎君。

――吉村君、行こう。

――いえ、私は会社が忙しいので。

と吉村君にフラれた。

ところが、

――きみ、どうね、行かんね。ぼくが旅費や滞在費は出すから。

と言ったら、

――うん、そんなら先生、行ってやろうか（笑い）。

と言ってついてきたのが、南実雄君ら三人の十八、九の青年たち。私が工場をやめてしまったために、みな失業してるんです。

吉村君のようにソロバンでも上手な秀才はすぐ相互銀行で勤まっているが、ほかはブラブラ(笑い)。そういうひとを連れて、阿蘇に上ることになった」

八月初め、南阿蘇の地獄温泉の清風荘で、第一回阿蘇聖書講筵《こうえん》会をひらく。出席したのは、青年たち三人とわが子ふたり、甥《おい》ひとりの子ども三人、あわせてわずか七人。まるで社員旅行のような雰囲気が抜けなかった。休憩時間にも、手島郁郎は聖書注解書を読んで準備し、聖書について熱心に説いたが、みなの心にとどかず、実りはなかった。

「そんな状況から私は伝道を始めましたが……、神様がいましたもうのだから、きっと祝したもうには違いないと思いますが、必ずしもそうではありませんでした。少しは貯えがありましたから、なんとか細々とはやっていけますが、そういつまでもやれません」

手探りで歩みだした、きびしい茨道《いばらみち》の出発だった。

孤立無縁の独立伝道。もとより、無収入である。手島郁郎の伝道をかげで支え、家計を支えるために、照世夫人は喫茶店「ムーンライト」で懸命に働いた。

第一回阿蘇聖書講筵会は、無為に終わったかに見えたが、実は、そうではなかった。

参加した青年のひとり、南実雄（逓信講習所出身）が、その後に不思議な変わりようを見せる。手島郁郎は驚いた。こう述懐する。

「南君は胸を病み、健康を害しておりました。しかし、この夏のわずか三日、ここ（阿蘇）で過ごしただけで、山から下りたらすっかり変わりました。回心（コンバージョン）を起こしてね。

——先生、私は我が道を往《ゆ》く、と言ってね。（注・四六年公開の米映画『我が道を往く《ゴーイング・マイ・ウェイ》』。また、不良少年たちの更生に人生を捧げたフラナガン神父の実話を描く、三八年公開の米映画『少年の町』が戦後、日本で再公開され、感動を呼んだ）

なにをするのかと思っていると、貧しいところの子どもたちを集めてね、自宅やお寺や戸外で日曜学校をひらきました。そしたら、百人近くの子どもが、南さん、南さん、と慕ってやってくるようになった。なんと不思議なことだろうか、教会なんかでどれだけ日曜学校をするといっても、ひとりの先生が百人の子どもを集めたりしませんよ。

山から下りた南君は全く変わっておりました。子どもたちのためだけに生きだした。子どもたちに讃美歌から教え、祈りを教える。

私はクリスチャンとして永い間すごしてきたが、こんなに不思議な感化を及ぼす青年はいなかった。たった一回の集会で全く変わりました。

このひとは、二年後に亡くなりました。すぐれた死に方をした」

南実雄は四九年七月、熊本郊外の療養所で病床に臥《ふ》した。手島郁郎は見舞い、慟哭《どうこく》して祈った。死を覚悟した南実雄は、

「私がここで一粒の麦になって死なねば、多くの実を結べぬことがわかりました」

と最期のことばを遺《のこ》す。澄んだ瞳で天を見上げ、手を差しのべるようにして息を引きとった。

一粒の麦、地に落ちて死なずば、唯《ただ》一つにてあらん、もし死なば、多くの果《み》を結ぶべし。（ヨハネ伝一二・二四）

その姿に、「聖徒の死」と感じた手島郁郎は、強い霊感を受けて、祈りのうちに異言を回復する。長崎高商時代に、スンダル・シングの霊的信仰の教えにふれて感動し、魂が高揚して口をついて出た、あの異言である。

## 信仰誌『生命の光』創刊

一九四八年十月、手島郁郎は、信仰誌『生命の光』を創刊した。かねてより、謄写《とうしゃ》版刷りで配布していた、表裏二ページの信仰誌『生命』を、一一号で改題し、新たに活版の月刊誌『生命の光』として出版に踏み切ったのだった。三十ページ余りの冊子で、定価二十円、一年分二百四十円、とある。

『生命への道標』と題する巻頭文で述べる。

私は二十年前、信仰の何たるかを塚本虎二先生に学んだ。この信仰は私の生命となり光となり、爾来《じらい》二十年間、激しい時代の暗黒の中にも、私を導く人生原理であり、慰めであり、力であった。

私はこの生命の真理を、福音を、敗戦の痛苦に悩み、生くる乏しさに泣く隣人に伝うべく、聖書の研究会を開き、また謄写刷りの小誌を配ったりしている。そして、この信仰を見出した友の一人一人がまた私と同じ希望と歓喜に、いま言い難く悦《よろこ》び、生活しあるを見る。霊魂の糧、神の言《ことば》にいまや人々は餓《う》えている。

ここに、この小誌を新たに『生命の光』と改題し、月刊し、広くキリストの福音の証《あかし》たらしめん事を希《ねが》う。もしこのささやかな本誌がこの「火の国」（熊本）の隅ででも読まれ、かつ、「生命の光」なるキリストに人々を導く道標ともなればと私は願い、祈るものである。

キリストは言い給《たも》うた。

「我は世の光なり、我に従ふものは暗き中を歩まず、生命の光を得べし」と。――ヨハネ伝八・一二――。

この月刊誌の創刊は、苦渋のすえの決断だった。第一号のあとがきに記している。

幾度もためらい幾度も拒みつづけたが、遂に本誌を広く出そうと決心した。それは私の周りに神を索《もと》めつつも神を知るによしなく、悩んでいる魂の叫びを聞くからである。私達は何の後盾《うしろだて》もなく、資金もなく、誰からも頼まれずに、本誌を出し、一厘《りん》の利益もこれによって得ない、否、私財を棄てながらやっている。餓死しても、独立こそ生命である。

独立こそ、生命である、と高らかに謳《うた》っている。権威主義や教条主義など、形骸化した組織や考えには拘束されない。ただ真理の追究のために、苦難の道をゆくと知りつつ、信仰の独立と自由を宣言している。

信仰誌『生命の光』が世に出ると、おもに無教会のひとびとに反響を呼び、喜びと感動のことばが各地から送られてきた。

師と仰ぐ塚本虎二から、励ましの手紙がとどく。

「大いなる驚きと喜びと感謝をもって、御手紙と『生命の光』を拝見しました。失敬な言い方ですが、小生には一つの奇蹟《きせき》としか考えられませんでした。

君を少しく知る小生には、君がキリストの愛に迫られて、この大発足をされたことがよく想像できます。多くのまじめな、熱心な、かつ篤信な人たちが切に祈り願いつつ、ついにスタートを切り得ざることだけに、大いなる困難が前途にあるのは当然です。

しかし、これを強《し》い給うのが神である以上、キリストである以上、必ずその名誉にかけてこれを完成して下さることを信じ、かつそのために祈ります。

今、日本にないものは、食糧でも住宅でもありません。純福音を伝える人がいないのです。

生命の光を求め、生命のパンを欲しがっている者に、光を与え、パンを食べさせてあげて下さい」

それを受けて、手島郁郎は、次号の編集後記『荒野に立つ』にこう記す。

「大いなる恐怖をもって本誌を公刊せしところ、多くの信仰の友から、先輩から、我がことのように喜んでいただき、また心からの激励を受けて、いよいよ本誌編集の負荷の重きに今はどうにもならぬ恐怖と戦慄《せんりつ》に襲われてしまう。

塚本虎二先生からお手紙をいただいたときに、私はわっと泣き伏した。一日中泣いていた」

読者の熱い声に応えて、手島郁郎は苦しいなかで毎号二、三千部を発行した。

一九四九年一月発行の第四号には、『生命の光』の執筆同人として、旧約聖書学の学究で神学博士の関根正雄氏（東京）、九州大学教授の松尾春雄氏（福岡）、西南学院教授の里見安吉氏（福岡）など、無教会の伝道に当たっている識者の名を連ねている。

『生命の光』は、しかし、多くは売れず、送り返されてきた。のちに、当時をこう述懐する。

「毎月毎月、売れずに返本は山を築き、じっと唇を噛《か》みしめて、悲憤と落胆に耐えて眺めておらねばならなかった。

それというのも誰から頼まれたのでもなく、自分で私財を捨てながら、やむにやまれずやり出したことゝて、誰を恨むわけにもゆかぬ。誰に訴えようもなく、やるせない思いで天を仰ぎ泣きくれたことは幾たびであろう」（『生命の光』一〇〇号、一九五八・九）

しかし、『生命の光』は、数は少なくても、熱心な読者が生まれていた。第四号の巻頭に、手島郁郎は、『二人の戦争未亡人』と題して、次のようなエピソードをつづる。軍人二百万人が戦死し、のべ三百万人を超える日本人が死亡したあの戦争の敗戦から、まだ三年半。当時の社会的な情況と、手島郁郎の思いとをよく映すものがある。


「私は救われません、先生！」

といって一人の婦人がかけ込んできた。

「夫は戦死し、五人の子供を抱えて台湾から引揚げてきた私は、毎日、たばこや菓子のやみ売りをしなければ生きてゆけません。亡夫の遺志を嗣いで、子供達を立派に育てようと思うばかりに生きているこの身。こんな姿を子供達だけには見てもらいたくない。それが一番身がちぎれるほどにもつらいんです。この頃『生命の光』を読むようになって、せっかく天国に希望を持ち始めましたのに、先生、もう駄目です、私は罪人です、今日は五万円の罰金がきました。私は怖ろしいです。もう絶望です、親子六人、死ぬよりほか、ありません」

「お泣きなさるな、天国は貴女《あなた》のものです。キリストの十二弟子すら食うにものなく、麦の穂を摘んでやみ食いしました。神の人ダビデ王も戦いに敗れて落人《おちうど》となった時には、神殿の神聖なパンをとって食いました（マタイ伝一二・一〜八）。生きることがまず第一です。

人が生きるために法律は作られ、法律のために人は生きているのではありません。国民全部が今や朝令暮改の法律に縛られて身動きできぬ状態にある。法律を守れば、だれでも死ぬよりはか途《みち》がない。可哀《かわい》そうな貴方達をこの日本はもう保護する力もない。どうぞ石に齧《かじ》りついても生きてください、ご自分で生きるほかない。神様は決して貴女を罰してはおられない。可愛いお子さん達のために、日に灼《や》けて真っ黒の貴女のお顔が、私には天使のようにみえますよ！」

次の日、一人の婦人がやってきた。

「しばらくお宅で働かしてくださいませんか。教会のY牧師も、宣教師のZ先生も賛成してくださいましたので、近く私は或るクリスチャンの方と結婚します。幸い子供二人は孤児院に引き取ってくださいますので、私はその方と信仰を磨いて、悔いなき後半生を送りたいと誓いあいました。できれば、ともに社会事業に献身したいと念願しています。私はクリスチャンですから、この付近にいるあの女の人達のように闇屋はやれません。考えたすえ、いよいよ新しい生活に入ろうと決心したのです。それで、しばらくお宅で働きながら、社会事業に献身する準備のためにも、もっと信仰を学ばせていただきたいと存じまして、お願いにまいりました」

「お断りします。私のようなやくざになにを学ぼうというんですか。貴女のようなクリスチャンの家庭に育った方が？　悔いなき後半生、それが母たるの責任を回避して子供を棄てて、第二の男と一緒になろうとするような未亡人心理に、私はなんぼ信仰を説いても無駄です。信仰とは、貞操の別名です。社会事業への献身ではありません。貴女は彼《あ》の世に行って、死んだご主人にあわせる顔がありますか。私の信仰は彼の世にも通ずるものとて、彼の世に顔向けできぬ人に、どんなお話ししても無駄です。牧師さんのいう信仰と私の信仰とは全く違いますからお断りします」

手島郁郎は返本の山に泣きくれながらも、熱心な読者のために、『生命の光』の発行をつづけた。そのため月々、数万円の出費が重なった。

照世夫人は、喫茶店「ムーンライト」で家計を支えようとしたが及ばず、一家の生活は行き詰まってきた。

『生命の光』第六号の編集後記にこうある。

「重税に泣きながらも、妻は着物四枚を売って、一万円をつくってくれた。これで本号も印刷所の支払いができる。ただ感謝」

そんな苦境にあって、辛島町の家の二階で、聖書研究会をひらく。しかし、思うようにひとは集まらなかった。あるときは、わずか二、三人の参会者を前に、聖書について語りつづけた。

手島家の暮らしは、いよいよ窮してきていた。

寂しさの極《きは》みに耐へて祈らまし
　暮れゆくみ空に魂極《たまきは》るまで

手島郁郎は、二階奥の屋根裏の狭い書斎にこもる日がつづく。夏は陽に灼けた一階の屋根瓦が照り返して暑く、冬は冷たい隙間《すきま》風が吹き込む部屋である。

ドアを開けて入ると、左の窓際に机と椅子、右に木造のベッド、板張りの床の隅には、書籍や返本がうずたかく積まれていた。

長男・寛郎氏は言う。

「私は隣の部屋にいて、父はいったいなにをしてるんだろうと思いました。ろくろく食事にも階下に下りてこないんです。三か月、もしかしたら半年近くも、父は書斎に閉じこもって、瞑想にふけっていたのです。

伝道するというんで、自分で聖書の勉強など始めたでしょうけど、いまにして思いますと、それ以上に、神様ご自身が手島郁郎という無学のただびとを教え、導いてくださった、大事な期間だったんだと思わされます」

ある夜のこと――。

来客の用件を父に取り次ぐために書斎のドアを開けた寛郎は、ただならぬ雰囲気に息をのむ。

消灯した、暗い書斎の床に座して瞑想している父――。おぼろな月の蒼《あお》い光に浮かび上がったその姿は、この世のひととは思えない、常ならぬ気配を感じさせた。

「なにか別の世界のひとみたい……、神秘的な感じがとってもしました。じろっ、と睨《にら》まれて、立ちすくんだことを思い起こします。

神様ご自身に教えられ、導かれたこの期間があったればこそ、父はそれからの伝道の生涯を全うできたんだとつくづく思います」

手島郁郎は、ひたすら祈りつづけて新たな霊的境地に入り、折から、若き南実雄の召天に霊感を受けて、『異言に就《つ》いての弁証』と題する論文を一気に三日間で書き上げた。

「先生の霊的変化は、私たちの目にも不思議な輝きをもって映りだした」

身近にいた吉村騏一郎氏は驚きをもって述べている。

手島郁郎の霊的な境地が深まる一方で、一家は、貧しさがつのる。

梅雨時になると、住まいは雨漏りし、畳が乾かぬままに、居間の片隅に茸《きのこ》が生えた。

「そんななかで、先生は、おい、今夜は一緒に飯を食っていけ、といって、自分で台所に立って、米をとぎ、飯を炊《た》かれる。私は先生の心労をお慰めしようと思って、少量のいも焼酎を買いに走ったことを懐かしく思い起こします」

と吉村氏は言う。

そんな厳しい状況のなか、手島郁郎は毎月二回、熊本市郊外にあるハンセン病の国立療養所菊池恵楓《けいふう》園（合志《ごうし》村、現・合志市）を訪れて、親しく患者に接し、キリストの福音を説く。五十余名のひとびとが、キリストの愛にふれて、新生《リバイバル》の喜びに湧いた。

## 「異言」と「神癒」

一九四九年八月、二度目の阿蘇聖書集会をひらき、二十二名が参会した。しかし、そのほとんどは少年たちで、キャンプファイヤーや登山に興じ、手島郁郎のねがう「背骨の入った信者」を得るにはほど遠かった。

この年九月、『生命の光』は、配給元の都合で配本の途《みち》が断たれるか、と危ぶまれたが、『生命の光』第一一号（九・十月合併号）は、手島郁郎の画期的な論文を掲載した。

南実雄の召天の姿に触発され、霊的な境地が深まるなかで書いた、あの『異言に就いての弁証』である。

二十二ページにもわたるものだが、私なりに、その要点をあげれば――。

キリスト教徒が聖書を読んで、全く不可思議に思うことばは、「異言」であろう。『使徒行伝』にもあるように、使徒時代はこの異言（グローサ）を語り得ることこそ、聖霊降臨の徴《しるし》、最も確かなクリスチャンの印綬《いんじゅ》とされた。

しかしながら、今、異言は全く不可解な語、謎のことばとして秘められ、忘れられ、棄てられたままである。

異言は聖霊の賜物（カリスマタ）であり、キリスト者の特有の言語である。信仰の結ぶ実であり、許されし者のみの霊的体験である。

「私はある日より、突如、この異言にて語ることを許された。稀有《けう》の恩寵《おんちょう》、あまりに異常な経験とて沈黙、ただ秘すべきか、とも考えた。

だが、熟考すれば、聖霊の火を熄《け》すな、もし他にこの賜物あるひとあらば共に語り、共に釈《と》き得て、天の声を人語に写し、また共に研究して、前人未到の『異言学』の樹立を期したく願うものである」

手島郁郎はそう記している。

新約聖書『使徒行伝』は、イエスの十字架の死から五十日目、五旬節（ペンテコステ）の日に、エルサレムのシオンの丘にある「屋上の間《アッパー・ルーム》」（ペンテコステの家）で、ひとびとの上に起きた「聖霊降臨」の状況を、こう伝える。


五旬節の日がきて、みんなの者が一緒に集まっていると、突然、激しい風が吹いてきたような音が天から起ってきて、一同がすわっていた家いっぱいに響きわたった。また、舌のようなものが、炎のように分れて現れ、ひとりびとりの上にとどまった。すると、一同は聖霊に満たされ、御霊《みたま》が語らせるままに、いろいろの他国の言葉で語り出した。（二・一〜四）

ここで「他国の言葉」と訳されているが、原語（ギリシア語）から、手島郁郎は「異なる言《ことば》」と訳すべきだとした。

『使徒行伝』は、幾度も「異言」にふれている。

彼らが祈り終えると、その集まっていた場所が揺れ動き、一同は聖霊に満たされて、大胆に神の言《ことば》を語り出した。（四・三一）

ペテロがこれらの言葉を語り終えないうちに、それを聞いていたみんなの人たちに、聖霊がくだった。割礼を受けている信者で、ペテロについてきた人たちは、異邦人たちにも聖霊の賜物が注がれたのを見て、驚いた。それは、彼らが異言を語って神をさんびしているのを聞いたからである。（一〇・四四～四六）

異言は、舌が語るという。ひとの意思によらず、舌が弾んで発することば。手島郁郎はこう述べている。

「私の霊が聖霊に感応して語らんと発動する時、うましき霊の交感は空気を打つごとくに私の舌のみで音韻を発する。霊が理性を抑えてその主導権《イニシャチブ》を握っていることを意識する。異言で祈る時は、学者の想像するごとき無意識な法悦《ほうえつ》と狂燥《きょうそう》ではなく、私の意識は最高に研ぎ澄まされ、心はただ一心に神を慕って全神経が集中している時なのである」

この「異言」というものが、私には不可解だった。実際に、どういうものか。もとより、聞いたこともなかった。

私は、しかし、後日、ひとびとが祈りつつ発する異言を、わが耳で聞くことになる。

『生命の光』第一一号は、『異言に就いての弁証』と、あわせて手島郁郎の論文『神癒《しんゆ》の恩寵』——永く病床にある友のために——を掲載した。

神癒とは、俗にいえば、神による病の癒《いや》し。信仰を通して癒されることである。

「科学的療法を無視して、いわゆる信仰療法を行なう宗教はすべて邪教である」という一般的な考え方は、尤《もっと》もである、としたうえで、手島郁郎はこう述べる。

「しかし、なお、私自身は別の考え方をもっております。すなわち、信仰は病気に対して直接の対症療法であり得る、ということです。これは私の思想であるまえに、聖書の思想なのです。

私たちが心の転換ができたときに、霊眼がひらけ、『イエス病めるものをことごとく医《いや》し給へり、これ預言者イザヤによりて「彼は自ら我らの病患《わずらい》をうけ、我らの病を負ふ」と言はれし言《ことば》の成就せんためなり』（マタイ伝八・一六〜一七）が肯定できる。ただ霊魂のみならず、肉の救いについても全幅の信頼をもって、しかり、アーメンと叫ぶものです」

もっとも、手島郁郎も初めは神癒ということばすら知らなかった。学んだのでもない。長崎高商時代の十八、九歳のころ、死に瀕《ひん》した友を前にして、神に祈りねがうほかにないと感じ、聖書に書いてあるように、友に手を按《お》いて必死に祈った。するとは、喘《あえ》ぎつつあった友人は息吹《いぶ》きかえし、回復して命をとりとめた。このとき、祈りが聴かれたことを悟《さと》り、神癒と知ったという。

神癒は奇跡ではない、神の賜物である、とこうも述べている。

「復活のキリストは、『信ずる者には、此等《これら》の徴《しるし》、ともなはん。即ち我が名によりて悪鬼を逐ひだし、新しき言《ことば》（異言）をかたり、蛇を握るとも、毒を飲むとも、害を受けず、病める者に手をつけなば癒えん』（マルコ伝一六・一七〜一八）と最後の遺訓をのこして天に上げられ、栄光の聖座につき給うた」

「神癒は教理ではない、信仰の体験であり、事実であります。私はイエスによって教えられ、約束せられ、また使徒たちが行ない伝えた信仰であることに、私の主張の正しさを確信します」

## 反発と非難のなかで

「異言」と「神癒」について述べた、この二つの論文は、はじめ、反響がないかと思われたが、やがて、教会、無教会筋のひとびとから、反発と非難の声があがる。

とりわけ、異言は、異常である、狂燥のなせるもの、異端のものである、と――。

それらの批判は、手島郁郎の覚悟し、予測したものだった。

「ながらく秘め隠されし『異言の賜物』を、(神は)いやしくも名もなき男をとらえて、この二十世紀の文明時代に語らしめ給う。今より私は、世の神学者達の物笑い、篤信にして敬虔なる人々の悲しみ、いまだ神を知らぬ只人《ただびと》らの躓《つまず》き石。鳴かざれば雉《きじ》も撃たれまじきに」

と論文のはじめに述べていた。

中世、近世にも、欧米には、キリスト教徒で異言を語り得るひとがいた。十八世紀のスウェーデンの科学者、エマニエル・スウェーデンボルグは、異言を語り、霊的体験を多くの著書に残すが、教会から異端視された。一八三〇年、イギリスのエドワード・アーヴィングが説教する教会で異言を語る者が続出したが、彼は教会から破門された。二十世紀初めにも、イギリスで信仰復興《リバイバル》が起こり、そのとき異言を語る者が出たが、やがて消えた。

しかし、現代にも、異言を語るひとびとはいる。

「異言現象はただ天より霊波の押し寄せるときのみ感応し、生起する事実であることを知ることができよう」

と手島郁郎は述べている。

また、「異言を語るかどうかは、第二の問題である」と付言して、「第一の最も重要な問題は、私たちが聖霊を受けて、人間革命を起こし、神の国に入ること、回心《コンバージョン》することである」と強調している。

異言をめぐって、信仰をともにしてきた無教会のひとびとからも激しい批判を受ける、まさに四面楚歌《しめんそか》の状況にあるとき、無教会の指導者のひとり、東京大学教授・小池辰雄氏（一高・東京大・独協大教授）が、『異言に就いての弁証』に共感し、手島郁郎に書簡を寄せた。

手島郁郎は感激して、礼状を書き送る。

「御親情溢《あふ》るる御芳翰《ごほうかん》に接し、気が抜けたように三日間を過ごしました。（先生の）共感を得ただけで、もう我足れり、と思うて、ガックリと力が抜けてしまいました。

無学な私はこんな裏街道をとぼとぼ歩いてゆくほかないと、淋《さび》しくしみじみと考えます。だが、現代において、先生から私の立場を肯定、御共鳴いただいたことは、なんたる幸福な有難いことか、もうそれだけでよい、と思います」

小池辰雄氏は、のちにこう語っている。

「『異言に就いての弁証』を読んだときに、私はまだ異言や聖霊（を受ける）以前でしたが、これは本当だなあ、と思った。

手島さんにお手紙を差し上げたら、『あなたのお手紙は家宝にしておきます。だれも認めなかった。あなただけが認めてくれた』と……。

本物は、ひとになんと言われようと、必ず勝っているです」（一九七四・一）

小池辰雄氏は、手島郁郎の終生にわたる理解者となり、信仰のよき師、よき友となる。

とはいえ、この『異言に就いての弁証』の発表が、「異言」を否定する無教会の信仰と手島郁郎の信仰とが道を分かつ、分岐点となる。

# 第九章　一九五〇年夏、阿蘇

阿蘇の山懐に　滝見荘（垂玉温泉）

## なにが本当のキリスト教か

敗戦後の荒廃と疲弊に加え、物資の不足と生産の不振で、国民の暮らしは物価が暴騰し、すさまじいインフレに苦しめられてきた。

一九四九年、ドッジ・ラインという財政金融引き締め政策がとられて、インフレは収まったものの逆にデフレが進んで、深刻な不況に陥り、倒産や失業が相次ぐ。

国鉄（国有鉄道）の大量人員整理が発表されると、国鉄総裁が行方不明になり、国鉄常磐線綾瀬―北千住間で轢《れき》死体となって発見された。さらに、中央線三鷹駅構内で無人電車が暴走し、東北本線金谷川《かなやがわ》―松川間で列車が転覆するなど、奇怪な事件が相次ぐ不穏な状況にあった。

世界情勢は、第二次世界大戦の終結後、ほどなく、米国とソ連（ソビエト連邦）のイデオロギー対立で、西側・自由主義陣営と東側・社会主義陣営の「東西冷戦」となり、朝鮮半島では、北緯三十八度線で南北に民族が分断されて、四八年、北に北朝鮮（朝鮮民主主義人民共和国）、南に韓国（大韓民国）が成立し、険しく対立していた。

手島家では、照世夫人がついに喫茶店「ムーンライト」を閉じることになる。

一九五〇年、四月初め、塚本虎二が熊本を訪れて、聖書講義で語る。

「私たちにはキリスト――聖霊がすべてである。これだけで生きられる。しかり、パンなしで、人は生きられる。私たちを養い、日々パンを与え給うものは、この神ではないか。キリストを見上げよ。キリストさえあれば、なにも要らぬ。このことがわかることが信仰である」

このことばが、照世夫人に閉店を決断させた。

「塚本先生がおっしゃるとおりです。もう店を閉じても不安はありません。神様がなんとかしてくださるでしょう。売り食いしてもやれるだけやりましょう」

照世夫人は、夫婦して伝道に専念しよう、と覚悟した。すると、幸い、階下の店舗は借り手が現れた。クリスチャンの実業家が経営する大一水土株式会社である。

しかし、照世夫人は労苦が重なり、からだが病んでいた。

手島郁郎は、塚本虎二を講師として、「内村鑑三召天二十周年記念講演」を主催した。熊本農協会館の会場に三百人もの聴衆が参集する。

内村鑑三の教えを嗣《つ》ぐ塚本虎二は、『基督《キリスト》教の日本化』と題して、

「キリスト教の教えを日本に植えつけるのに、バター臭い信仰を直訳的にもってきても、日本人の心の土壌に根づくものではない。

原始のキリストの宗教的生命を汲《く》み、日本人のハートを潜って湧きあがるものでなければ、日本人の血を燃やすことはできぬ」

と説いた。

なにが本当のキリスト教か——。

手島郁郎のうちに、永くわだかまる疑問があった。若き日、教会で祈っても救いに至らない、自身の呻《うめ》きから出たものである。

現代のキリスト教は、なにか重大な欠陥があるのではないか——。

手島郁郎は、考えに考えた信仰的結論を、『愛の原始福音』と題して、五〇年五月の『生命の光』第一四号に発表する。

「現代のキリスト教は、イエスとその弟子たちの時代のような霊力に満ちた信仰ではなくなっている。初代教会時代のあの霊的信仰は、どこにも今は見ることができない。現代教会の信仰には、なにか由々しい誤りが伏在するのではなかろうか。

聖書の説く信仰は、一般の人々が信じているような信仰——神を信ずる、とか、神の愛を信ずる、とかいうような信じ方ではない。霊的に新生することが信仰なのである。

イエスとその弟子たちの時代のような霊力に満ちた信仰に帰れ。原始福音に帰れ」

と真情を訴えた。

翌月、上京した手島郁郎に、塚本虎二は告げる。

「私は自分の三十年間の伝道——聖書講義式の伝道は、失敗だったのではないか、とときおりさびしく思うことがある。ただ徒《いたずら》に頭だけのインテリ信者をつくってしまったのではないか、と思ったりしてね。

君は聖書講義式の伝道ではなく、君は君らしく、自分の道を歩くんだ。キリストを見つめ、キリストに導かれて、君独自の道を大胆に歩みたまえ」

塚本虎二のこのことばは、手島郁郎の胸のうちに火をともした。熊本に帰ると、夜ごと瞑想し、食事もわずかしかとらずに、ひたすら沈思黙考する日々がつづく。

「あまり急な変調で、先生が書斎から出てくるときは、ぞくぞくするほどの異様な雰囲気をかもしていた。風貌《ふうぼう》も変化し、（私は）畏《おそ》れをいだき、おずおず接したことを思い起こす」

と吉村氏は述べている。

手島郁郎は奇しき体験を日記に記す。

（一九五〇年）五月三十一日、雨
本日は余の生涯に画期的境地を開かさるる記念日となりぬ。

徹夜に明かしたため朝気分悪く、妙な悪寒を覚えしため、もしや不安な病気の突発ではないかと思い、祈るより外なしと思い、無意識になって祈りしところ、聖翼《みつばさ》にのせられてパラダイスに上りぬ。約二十分うましき霊の呼吸をなして、ヨハネ第一書聖書注解につき親教《みおしえ》をうけたり。祈りやめしところ、湧然《ゆうぜん》として身内に力の漲《みなぎ》るを覚え、余りの不思議に驚きぬ。（中略）

私のようなこんなやくざな罪業《ざいごう》重きものを、何故《なにゆえ》主は用い給《たま》い、而《しか》も人跡稀なる聖域に出没を許し給うや不可解である。ただ恩寵の下《もと》に平伏す以外にない。ただ救はれしは恩寵のみ。聖名《みな》をほめまつるのみ。　　　　　　あーめん

エマニエル・スウェーデンボルグやスンダル・シングなど先達の体験にも似た、手島郁郎の霊的境地の深まりを感じさせる記述である。

しかし、手島郁郎をとりまく状況は、一段と逼迫《ひっぱく》してきていた。

東西冷戦は、突如、朝鮮半島で火を噴く。

六月二十五日、北朝鮮の大軍が三十八度線を越えて韓国に攻め込んだ。装備に劣る韓国軍は、不意を衝《つ》かれて総崩れとなり、三日後には首都ソウルが陥落した。

アメリカ軍を主とする国連軍が韓国軍を支援して戦ったが、ソ連製戦車を先頭に攻める北朝鮮軍の怒濤《どとう》の進撃はつづき、韓国軍と国連軍は半島南部へと敗退する。

韓国軍・国連軍が、もし、玄海灘に追い落とされることになれば、日本はどうなるか――。

地理的に近い九州では、大戦に巻き込まれる危機感がつのり、人心が戦《おのの》く。

（ああ、また戦争か……！）

当時、高校生で福岡県に住んでいた私は、朝鮮戦争勃発のニュースを知って、暗然としたことをおぼえている。

六月二十九日夜には、北部九州に警戒警報が発令され、灯火管制がしかれた。

北九州（小倉）では、敗色濃い朝鮮戦線へ送られることを忌避した米兵が、基地から集団脱走して、市内で暴行、略奪するなど、暴動を起こした。

米軍板付《いたづけ》基地（現・福岡国際空港）からは、連日、米軍のＦ84ジェット戦闘機が編隊離陸し、朝鮮戦線の地上攻撃や北朝鮮軍ミグ15戦闘機との戦闘に出撃してゆくようになる。

やがては、沖縄・嘉手納《かでな》基地からＢ29超重爆撃機が飛び、北朝鮮軍を爆撃する。

戦争の火の粉がいつ、日本に降りかかってくるか――。

そんな険しい状況にあって、手島郁郎は、日本民族が神によって護《まも》られるように祈り、聖霊の護りをねがった。

吉村騏一郎氏は述べる。

「熊本集会の空気も緊迫していった。先生に、『聖霊を受けねばクリスチャンではない』と言われて、聖霊とはなんだろう、と聖霊を求める思いが私たちの間につのりだした」

手島郁郎は、阿蘇で三たび、合宿して聖書集会をしよう、と決意する。集う者が聖霊を受けるように――キリストの生命を受けるように、という一念からである。

七月、ついに、照世夫人が倒れる。病重く床に臥《ふ》した。深夜、手島郁郎はひとり祈りつつ、夫人の召天の幻を見る。

## 力尽き果てたとき

異常な緊迫感と厳しい窮迫感におおわれた、一九五〇年夏――。

手島郁郎が独立伝道に踏み切ってから、二年三か月。茨の道は、ひとつの険しい山場にさしかかっていた。

雄大な火の山、阿蘇から噴煙が夏空に立ちのぼる。二月と四月の二度、阿蘇は鳴動して噴火し、噴石をあげ、土色の噴煙が灰を降らせた。

南阿蘇――。天の恵みが水となってほとばしり下る、金龍《きんりゅう》の滝のたもと。垂玉《たるたま》温泉の山口旅館の離れ、滝見《たきみ》荘で、第三回阿蘇聖書講筵《こうえん》会をひらく。

八月五日から七日までの三日間。集う者は、熊本から来たおよそ三十人。自炊する食料持参で、つづら折りの山路を木炭バス（ガソリン不足で、木炭を燃焼して出る一酸化炭素を動力とする）に揺られて登ってきた。

滝見荘の外で撮影したと思われる、参会者たち二十数名の写真がある。多くが二十歳代の男女で、その左端に立つ手島郁郎の姿がある。

白っぽいズボンに白いワイシャツ、ストライプ柄のネクタイ。装いは明るいが、ますます痩せて長顔の頬はこけ、三十九歳にしては頭髪の生え際がずっと後退して、広い額がつよい陽光を受けているせいか、ちょっと眉をひそめた目許《めもと》が陰って、落ちくぼんだように見える。これまでの写真には見られなかった、こころなしか、やつれがにじむ表情のかげに、手島郁郎の労苦と苦悩の深さがうかがえる。

深緑の木立ちのなか、滝から流れ下る谷川沿いの地に、滝見荘はある。一戸建ての平屋で、八畳と六畳の和室に自炊用の流しがついている、簡素なつくりである。

二面を障子に囲まれた八畳間の奥に、手島郁郎が座る横長い座卓が置かれ、二間つづきの畳の間に、参会者たちは正座して講話を聴いた。

手島郁郎は、ひとりで『コリント前書』(コリント人への第一の手紙、使徒パウロによる)を講じた。息もつかせず、激しく説いた。しかし、――。

どんなにことばを尽くし、知恵を尽くして語っても、聴く者の胸に響かなかった。


翌朝は午前五時半、早天祈祷から始めた。

祈りと講話の合間に、参会者たちは手分けして、自炊のためのたきぎを拾い、炊事をし、部屋の掃除をした。

手島郁郎は、まわりくどい講義で知的に伝えようとしても、聴く者の魂になにも与えずに終わる、と感じていた。それは、これまでの伝道を通して、つくづく思うことであった。そんな生ぬるいやり方は捨てよう、と考えた。

たとえ、いかに摩擦が大きくても、あるいは躓《つまず》くひとびとが出てこようとも、キリストの生命《いのち》そのものを、聴くひとの胸に打ち込むほかにない、と決意した。

「神は、私たちの認識の対象ではない。人間が頭で考えて、神を知ろうとするのは間違ったことだ。

――神が我らを創《つく》りたもうたのである。神があって、すべてのものが存在し、我らもあるのだ。思索によって神はわかるものではない。

神から我らは呼びかけられて、はじめて神を見ることができるのだ。今、ここで、諸君よ、神に出会うことだ。

――祈りは真剣になされねばならぬ。声に出して神に祈るがよい。いのちがけでやる。雄叫《おたけ》びの祈りを必ず憐れんで応験がある。

霊の力よ、降《くだ》りたまえ！」

手島郁郎は祈りをこめて、熱く説いた。

「キリストは、千九百年前、この世に存在したひとりの人間ではなくして、今も活《い》きた神霊であり、神の力であり、神の智慧《ちえ》としての人格なのだ。

――福音は単なる言《ことば》ではない。イエスの御霊《みたま》の作用力である。神の力である。恩恵《めぐみ》の生命《いのち》である。

それは活きて働くのだ。死者もよみがえり、盲人は見ることを得るのだ。抽象的ではない。具体的なのだ。

信仰とは、この霊を各自に内在せしめて生きてゆくことだ」

記録係の吉村騏一郎（当時二十二歳）は、手島郁郎のことばを、すぐ側で必死に書き留めた。

そして、三日目。講義は午前中で終わることになっている。

連日、精魂をこめて語りつづけて、手島郁郎は憔悴《しょうすい》していた。それでも烈々《れつれつ》と説く。

「神を愛する心が、自己のうちにあるとき、すでにその人は神に知られたのである。士《さむらい》は己《おのれ》を知るもののために死す。神の前に自分というものも消滅し、どんな小さな疑いをも吹き飛ばすほどの神の愛が迫るところに、福音がある。

――聖書の文字の背後に、御霊《みたま》の息吹きを見よ！」

眼光鋭く、ことばとともに手振りに力がはいる。

しかし、――。

聴く者は、みな、疲れていた。吉村騏一郎は、息つく間もない連続講義に足はしびれ、肉は痛み、頭は鉛のように重かった。

「先生はほんとにいのちをかけて、これでもかこれでもかと、語りかけてくださるんですけども、それが頭の上を通り過ぎていくような感じで……。自分自身が歯がゆくてたまらないんですけれども、半分は眠りかけているような、そんなていたらくで……」

講義は熱しても、ことばは耳にとまらず、居眠りする者も――。あたりは、涼やかな谷川のせせらぎ、小鳥や蝉の声。静かな山の音が眠りを誘う。

手島郁郎は幾度か大喝《だいかつ》して、眠りを醒《さ》ます。

しかし、どれほど叱咤《しった》しても、魂の目覚めを呼ぶことはできなかった。

講義の終わり。ついに、手島郁郎の胸は弾《はじ》けた。

「たかが三日間、あなたたちは、からだの緊張を保てずに、なにが信仰だと思っているのかっ。

神霊の力は、あなたたちに臨まないのかっ。

頑《かたく》なな頭脳よ、理屈っぽい理性よ、三度の飯が欲しいという肉よ。砕かれよ！　去勢されよ！

心頭を滅却しないで、どうして死の彼方から呼びかけてくる、十字架の声なき声がわかるものかっ。

愛する友よ……！

私ははっきりと諸君の魂に言い聞かせる。

耳に割礼《かつれい》なき者どもよ、もう耳の鼓膜にどれだけ話しても駄目だ。駄目だ……！」

語尾は震え、ことばは尽きた。黙して、目を閉じる。表情がかすかにゆがんだ。

ばっ、と両の手を、聖書を置いた座卓についた。頭《こうべ》を垂れる。そのまま上体がのりだすようにして倒れ、手島郁郎は聖書の上にうっ伏した。

驚き、息をつめて見つめる聴講者の耳に、手島郁郎の呻《うめ》くような祈りの声が聞こえてきた。

腸《はらわた》から絞り出すように、とぎれとぎれの低い声が、みなの耳を撃った。

つぶやくような祈り。

「神様……！

これ以上……、神様、私は伝道できません……。

駄目です……。

おかまど山で、神様は、私をお召しくださいましたけれども……。お許しください。

妻は死の病の床に臥《ふ》し、子どもたちは飢えに泣いております。これ以上は、私は伝道できません。

神様、お許しください。お許しください、神様……！」

そのときである。この場に、ただならぬことが起きた。

吉村騏一郎氏の証言。

「先生の呻きのような祈りをこの耳で聞いた、その途端です、私の腹のどん底から、ガーッと突きあげてくるものがあって、それこそ私たちも突っ伏して、先生と同じように、神様ごめんなさい！　神様ごめんなさい！　ともう熱い感動の涙となって……。なにが起きたかわかりませんでしたが。

不思議な自分の中に起きた心の変化は、愛でしたね。あんなに恐《こわ》かった先生の懐に飛び込んでおいおい泣きたいような、愛の情動を覚えました」

みな、泣いていた。堰《せき》を切ったように、激しい悔い改めの慟哭《どうこく》になった、という。

「聖霊の注ぎを感じた。激しい愛の情動。兄弟姉妹の結合感。生まれて初めての魂の経験であった。これを魂の新生というのだ。このときの感動が、私にとって、ペンテコステ（聖霊降臨）であった」

と記す。

手島郁郎は、この日のことを、のちに、こう記している。


私の講義は完全に失敗。論理は挫折。論旨は支離滅裂。しかし、心魂を傾けて語りつづけ、話し終わった。そして、主の十字架の前に、ただ打ち伏して祈るだけで終わった。

頭をあげると（みな涙していて）、みなの感激的な崇高な面持ち、驚くばかりに輝いた教友たちの瞳。引きしまった眉宇《びう》に漂う確信と微笑。思わざるに、いつの間にか、全員が聖霊の愛に包まれ、今も生きて在《いま》し給うキリストの立ち給うことを、身近に覚えた。

信仰の歳月の長き（者）も、短き（者）も、一様に、一つの聖霊の愛の中に、一つの平安に、一つの生命《いのち》におおい包まれた。

ひとの力尽き果てたとき、この奇《く》すしきことは起きた。

この日、滝見荘で起きたできごとは、次に起こるべきことの、ひとつの兆しであったろう、と思われる。

## 奇しき兆し

手島郁郎の数ある記録を読みながら、私がその場に、その跡に行きたい、と考えたのは、この南阿蘇の滝見荘である。しかし、すでに半世紀以上を経ている。

聞けば、老朽化したが、今もあり、昨今は使われていないが、ねがえば、うちに入れてもらえる、という。

二〇〇四年九月、私は、初秋の南阿蘇の山懐に、垂玉温泉を訪れた。江戸時代末からつづく由緒ある湯宿、山口旅館の本館から、湯《ゆ》の香《か》坂を西へ谷あいを下っていくと、樹々の木陰にひっそりと無人の滝見荘はあった。

屋根瓦は苔《こけ》むしていて、歳月の流れを感じさせる。

実は、前々日、熊本地方は台風に襲われて、山が荒れていた。滝見荘の周りには、まだ木の葉や小枝が散乱したままであった。

簡素なつくりの玄関を入る。屋内もかなり荒れて、あがりがまちも廊下も、埃《ほこり》が積んでいた。靴を脱いで上がり、奥の八畳間へ。

なにも置かれていない、がらんとした殺風景な部屋である。電灯が蛍光灯に変わっているほかは、西と北の縁側も障子で、ほとんど、当時のままであるという。

私は部屋の中ほどで、埃の積む畳の上に座り、しばらく、目を閉じていた。

（この場で、奇しきことが……）

五十余年前、この部屋にひびいた手島郁郎の烈々たる語り、涙にむせぶ聴講者の祈りをしのぶ。

耳を澄ます。聞こえるのは、樹々の梢《こずえ》を渡る風か、谷川のせせらぎか、静かな山の音のみ。

瞑想しても、心にひびいてくるものはなかった。

しかし、脳裏に、その場の情景が思い浮かぶ。

それは翌年、『手島郁郎の記録』の制作に当たって映像化した。部屋を掃除して、蛍光灯を当時の電灯笠と電球に取り換え、照明を工夫しただけで、あの集会に参加したひとびとが驚くほどに、往時をしのばせる、不思議な雰囲気をかもしだした。

この場になにがあって、次になにが起きてくるか——。

一九五〇年八月七日の阿蘇・滝見荘でのできごとは、手島郁郎の伝道に転機をもたらした。心境の変化をこう記す。

私はいまさらのように、数年間の聖書講義の空しさがわかった。十字架の論理や贖罪の神学的釈義や、ギリシア語の語句の説明に、熱心に費やした過去の徒労をしみじみ悟り、また悔い泣いた。〈信仰のみの信仰〉のかけ声も、私たちを救わないことに気付いた。

しかし、神は私たちの不信と挫折と失敗にもかかわらず、弱さと罪と無知とにもかかわらず、全き救いに導き入らしめ給う。これただ神の恩恵、ただ聖霊の愛による。

あの救いへの導きは、「聖霊の愛」による、ととらえている。
滝見荘での体験は、手島郁郎のもとに集うひとびとにも、うちに新たな胚胎《はいたい》と胎動を生みだした。
熊本の聖書研究会は、やがて、ともに集い、ともに祈る場として、「幕屋」「神の幕屋」と呼びならわすようになる。
とはいえ、あの夏の滝見荘で、吉村騏一郎氏のいう「聖霊降臨」「魂の新生」を感じたのは、全員ではなかった。聴講者のうちの十人ほどにとどまる。

その場に参加していた手島寛郎氏はこう言う。

「当時、私は中学二年生ですから、聖書の信仰を求めるなどということは全然わかりませんし、また父が一生懸命に『コリント前書』の講義をしたって、わかるわけがないんですね。そのとき、座って書いた記録（ノート）があります。

――神は認識の対象ではない。――神に呼ばれて神がわかる。――信仰は神の霊によって生きること、など。

最後の日に、なにが起きたのかも、よくわかりませんでした。

山を下りて、熊本に帰りますと、それまで同じ人間同士で会話していたものが、話が通じなくなって、喜んでいるひとはほんとに喜んでいるのに、ぼくなんか置いてけぼりくった、なんてことなんだろう、そんな感じが一番大きかったですね」

青柳禧子《よしこ》さん（当時二十八歳、旧姓・布田）は、当日は炊事当番で、折から昼食のことが気にかかっていた。

「（終わりに）先生の悲痛な声を聞きまして、みんな魂打たれ、喜んでいたんですけれど、私はその中にはいることはできなかったんです。どうしてなんだろう、どうして自分はそうなれないんだろう、という思いがしまして。

（聖霊を享《う》けて）ほんとに喜んでいらっしゃる姿を見ると、羨《うらや》ましく、私もそういう境地に達したいという思いとがからまりまして、複雑な思いでしたけれど……」

自分もそうなりたい、とねがった。（翌月、異言を体験する）

手島郁郎は、集うひとを個々に、聖霊を受けて異言を語る祈りへと導く。数名ずつが、夜を徹して祈り、求めた。

森信子さん（当時二十四歳、旧姓・工藤）は語る。

「私は、八月の集会のときは変わることができなかったんです。その後に霊修会が何回かに分けられてありました。手島先生が一生懸命、私に対して声（異言）が出るように（神に）執《と》り成《な》してくださるんですけども、どうしても出ないんです。それで階下に下りて腰かけていると、涙が出てきて、わんわん泣いたんです。泣き通しで泣いて、外が白みはじめたときに、先生が毛布を持ってきて、私を包んで、抱きしめて祈ってくださったんです」

その日のことを、手島郁郎は日記にこう記している。

「愛する二人の教友、共に泣いて、神の愛を告白さるるを見て、私も泣いた。

徹夜の祈祷、筒井寅吉、中山富美子の両名、聖霊にバプテスマ。地上の喜びと天上の凱歌《がいか》！

だが、私には戦慄《せんりつ》的な霊の白兵戦の一夜であった。未明、N子さんを抱きしめて泣き、また祈った」

また、こういう日もあった。

「夜、『イザヤ書』講義。終わって十余人、徹夜の祈祷会。今夜は江島毅君、よき異言を語るに至り、安堵。

小原顕了、新田三平、野角義弘、布田よし子、河野千代子、新納清子の六名、新たに霊言を経験す。私は感謝と涙を以て祝祷することが出来た」

こうして、異言を語る者がつぎつぎに出る。

手島郁郎の伝道の茨道は、胸突き八丁のひとつの峠を越えて、手島郁郎のもとに集うひとびとの祈りの場である「幕屋」に、夜明けの新たな光が射してきていた。

# 第十章　聖霊降《くだ》る秋《とき》

滝見荘（1950 年、阿蘇聖書講筵の部屋）

## 癒しの不思議

一九五〇年八月二十六日、手島郁郎は四十歳の誕生日を迎える。『生命の光』に掲載された日記をまとめて、後年、刊行された『地路歴程』の第一頁は、この誕生日の日記から始まる。

八月二十六日（土）　夏の夜は短い。二人の婦人に詩篇を講じつつ、共に涙で祈りあった。満月の月光を踏んで帰りゆく後姿《うしろ》を見送りながら、一番鶏の声を聴く。とろっと寝についたが、すぐ目が醒めた。四十年間こんなやくざを生かし給うた神に、ただ感謝した。「我が人生に悔いなし」

この日、手島郁郎は聖書研究会に招かれて、福岡県・筑豊地方へ出向く。日記に記す。

車中、アレキシス・カレルの『人間』を読んだ。ノーベル医学賞をもらった世界的碩学の卓越した人間分析と人間再建の考想である。神秘的な信仰者の祈祷が、不可解ではあるが、病気の治癒に決定的な結果を持つものであって、彼は四十年間にわたってこの神秘な治癒の力を索《さぐ》っているという。

例えば、ルルドの医学協会において骨結核や結核性腹膜炎や癌《がん》などのような難病も瞬間的に祈りによって治療していることを医学的に観察している。

カレルはいう、

「治療の経過は個人によってあまり違うものではない。しばしば非常に大きな苦しみを伴う。それから突如として快癒の感じが湧いてくる。そうして数秒にして、あるいは数分にして、長くて数時間にして傷が閉じ、症候が消え失せ、食欲が戻ってくる。

奇跡的な治癒は、肉体の修繕の経過が非常に速くなるのが特徴である。この現象に必要欠くべからざる条件は祈りである。しかし、病人自身が祈ったり、病人自身が宗教的信念を持たねばならないという訳ではない。ただ、その病人の傍らの誰かが祈りの状態にあればいいのである。かくの如き事実は、まだ我々が知らない性質の関係が精神と肉体との間にあることを示す。

もし、この神癒祈祷を解明する科学者があれば、パスツールやベルナールなど以上に医学的に大革命を惹起《じゃっき》するであろう」

アレキシス・カレル（一八七三〜一九四四）は、フランスの外科医・生物学者。一九一二年、ノーベル生理学・医学賞を受賞。『人間　この未知なるもの』は、晩年の名著である。ピレネー山脈のふもとの町、ルルドは、病が治る「奇跡の泉」で広く知られる。

この日に始まる福岡県直方《のうがた》市、田川郡から大分県中津市へ至る伝道の旅の各地で、神癒の恵みを受けて病が癒されるひとびと、異言を語り出すひとがいた。

「キリストの御名《みな》の栄えと御霊の愛の忝《かた》じけなさに、ただうれしかった。『キリストは今も生きて、その信ずる者たちを愛し給うている』このこと以外に福音の立証はない」と手島郁郎は記している。

熊本に帰った手島郁郎は、病床に臥す照世夫人のために祈る。

九月一日（金）　終日書斎。愛する者の喉頭結核を祈祷、直ちに彼女は声出て、讃美歌二六二番を高らかに合唱、食事も咽喉《のど》を通るようになったと、驚くべき聖名《みな》の力を讃《あが》める。

神癒と思われることは、つぎつぎに起きてきた。

それは手島郁郎だけでなく、この夏の阿蘇の集会で、魂の新生を体験した青年たちがゆく先々でも奇しきことが起きる。

青年たちのことを述懐して、手島郁郎は後年、記念講演（阿蘇、一九六五・一二）で語る。

「その人たちが山から下りたら、自然的に伝道を始めた。リバイバルすると、もうじっとしていません。

誰々さんが発熱した。指がヒョウソ（指先から化膿する炎症）になり、もう手が焼けるように熱くて、今にも死にそうになった。それで、神様助けて！　とみなで祈ったら、治った。お医者がびっくりしてしまった。そんなバカなことが、と思うけれども。

（郡部で）みなが集会しまして、道を歩いていると、病人を病院へリヤカーで運ぶひとに出会った。当時は戦後で、病気は多いし、薬もお金もないし、というときで、重症患者はみなリヤカーにのせられて野道を連れていかれたものですけれども、彼らが近寄って、

――ちょっと、どこに行くの？

――病院に。

――私たちがお祈りしてみよう。

といって、お祈りするとケロリと治る。

――やあ、不思議。

リヤカーを反対に向けて、もと来た道を帰っていく。

そんな話ばっかり、私のもとに来てするのです。こんな不思議なことがありました、きょうもこんな……、と。

一時的なことかとも思っておりましたが、とうとうみなが燃えに燃えだしましてね」

やがて、祈りによって病が癒された、と伝え聞いたひとびとが、手島郁郎の祈りを求め、導きを求めて、熊本の幕屋を訪れるようになる。

## 信仰の基《もとい》『聖霊の愛』

五〇年九月、『生命の光』第一五号・特別号として、初の著書『聖霊の愛』が世に出る。原始福音の核心である神の愛を、聖書を通して実存的に解き明かす。

『ヨハネ第一の手紙』の講義をつづけてきた手島郁郎が、霊感を受けつつ書きつづった、信仰の証しであり、幕屋の教えの基ともなるものである。

「はしがき」にいう。

「(新しい宗教改革の目標は)わが国においては、内村鑑三先生によって主唱された無教会主義として、全国至るところにこの信仰の根を下ろしつつある。また、教会内の信徒にも、これは今や多大の刺激と善き感化を及ぼしつつあるが、この純信仰化の動きとともに、我ら日本民族の負うているもう一つの課題がある。

それはキリストの啓示の光に接して、キリスト教のより内面的な真理、すなわち霊的生命の真髄を深く把握し、これを宣明することである。

東洋の一角（イスラエル）に生まれたイエスの教えとその霊的神秘は、永い間、理知的な西洋人種には看取され得ずにいた。ここに、キリスト教の深い一面を私たちが新しく霊覚し、その生命の秘義を新しく顕揚《けんよう》すべき使命を担っていることは、東洋人として当然の任務であろう」

と説き起こす。そして、『聖霊の愛』――愛の実存と霊的信仰について――の冒頭に記す。


太古より、原日本人は非常に高い霊性を持つ民族であった。常に天《あま》つ御霊《みたま》と交わることを第一義とし、危急に際しては御霊のふゆ（恩寵）をより頼み、雄叫《おたけ》びして神霊の発動を喚《よ》び、その守護に救われた。その多くの史実と教訓を、古事記や日本書紀、万葉集などの古典が書きとどめている。

敗戦後の荒廃から、日本はまだ立ち直れないでいた。手島郁郎は、日本人の驚くべき生活の堕落、精神の腐敗を憂う。

「真に嘆くべきは、敗戦したこの国の現実ではなく、民族の霊性の風化であり、実存的生命の喪失と枯渇である」

と説き、今こそ、日本民族の霊性に、イエス・キリストがこの地上にあって伝えた福音（原始福音）、霊的信仰を、じかにつなぎ、根付かせようと訴える。

『聖霊の愛』を的確に要約することは、私にはできない。

もっとも痛切に私の衷《うち》に入ってきたことばは、

> 私たちは人生の挫折や苦悩を通して、病気や、貧窮や、逆境に心砕かれて、主の血の輪血を受ける機会となる。
>
> 神は人の傷口から、その愛の血を注ぎ給うからである。神の愛は恩恵の注入によっての み、その人に来る。

心砕かれて、という一節である。

私たちが神を真に信じ、心から愛するにいたるのは、神が先ず私たちを愛して居給う事実を知るからである。

私たちの信仰は、自らの力によって惹《ひ》き起こされるのではなくて、「神の愛」が私たちの背後にあって支え、救わんとしているからである。換言すれば、信仰によって救われるというよりも、神の恩恵によって救われるのである。「神の愛」が救い給うのである。


このことばにも、私は深くうなずく思いである。

「聖霊とは愛である」

「愛とは『永遠の生命』である」

と手島郁郎は説く。

『聖霊の愛』が書かれたとき、常にその座右に置かれていた聖書を映像取材する。手擦《す》れで角が丸くすりきれ、頁はよれて、綴じがぼろぼろになるほどに深く読み込まれている。それを目の当たりにしたとき、私はうちに強く響くものを感じて、しばし、声をなくし、ただ見入っていた。

その各所に、細々《こまごま》と書き込みがなされている。

『ヨハネ第一の書《ふみ》』第三章一六節——

主は我らの為に生命《いのち》を捨てたまへり、之《これ》によりて愛といふことを知りたり、我等もまた兄弟のために生命を捨つべきなり。

この聖句に、赤鉛筆で濃く、二重三重に線が引かれている。この聖句を、手島郁郎は『聖霊の愛』の中心主題として説いた。

精魂を込め、力を込めて、キリスト信仰の神髄を書き記す。そして、こう結ぶ。

イエス・キリストとは何か。彼の本質は、すなわち、「聖霊の愛」である。

阿蘇・南郷谷の旧・高森線下田駅を出て北へ、夜峰《よみね》山の樹々をくぐる急坂を四、五キロほども登っていくと、「下田↑地獄↓草千里」の道標の立つ三叉《さんさ》路に出る。ここに地獄温泉の新湯はある。現地で、手島寛郎氏は映像取材に応えて語る。

「ここに、当時、山小屋ふうの小さな木造の家が三戸ほどありまして、ここで『聖霊の愛』を書いたんだよ、と父が話していました。

最初に発行されたときは、いまの『聖霊の愛』と違う、もっと薄い分量でしたが——。一番そのなかで父が言いたかったことは、最後にある、『イエス・キリストは、すなわち聖霊の愛である』ということば。これは新約聖書ではそれに近い表現がありますけれども、あえて『イエス・キリストは聖霊の愛である』と言ったのは、多分、父が最初だろうな、とぼくは思っています。

それがことばだけじゃなくて、それがなんであるか、生きている信仰とはどういうものであるか、ということを、それから何年にもわたって伝えつづけていくわけですが、あるいは、神様が伝えさせてくださった、ここがスタートの場所のひとつだと思うんです」

『聖霊の愛』は世に出ると、さまざまな反響を呼んだ。

「日本人の初めて発見する新しいキリスト教典です」

「日本人の真のキリスト者はこの本を読む者から続出するでしょう」

など、感銘、共感する者もあれば、反発、黙殺する者も多かった。教会、無教会筋では、ほとんど取り上げられなかった。

東京大学教授・小池辰雄氏は、「比類なき名著」と評した。のちにこう語る。

「手島郁郎著『聖霊の愛』というこの本。これは実に日本の画期的な本です。

教会も無教会も、これを真剣に取り上げて体当たりしようとはしなかった。黙殺した向きもある。

先に『異言に就いての弁証』のほか『神癒論』、のちに『按手論《あんしゅ》』を書かれましたが、どれも体験による素晴らしいものです。なにも霊的現象に重点を置くわけではありませんが、異言や按手や神癒などの体験なしには、聖書の霊的な味はわかりません。手島さんの御霊における信仰の現実が本物であったから、そこに異言の花が咲き、按手の葉が生じ、神癒の果《み》が実り、愛の枝がどんどん伸びて、日本全土にゆきわたったというものです。

手島さんが体験から血と涙で書かれた、『聖霊の愛』という歴史的名著――。これは日本キリスト教史における名著です」(一九七四・一)

信仰誌『生命の光』の発行は、この年一九五〇年の十月号から、しばらく、経済的な窮迫と印刷所の遅れなどで、余儀なく活版から謄写版刷りに変わる。

幕屋の会員の中山富美子が、ヤスリ版の上に置いた原紙に鉄筆でガリガリと一字一字を丹念に手書きした。いわゆる「ガリ版刷り」である。

「渾身《こんしん》の筆耕。生命のない印刷活字と違って、これこそ『活字』というもの。一字一字が躍り出して、浮き彫りのように語りかけてくるではないか。生命の真理を伝えるには、この信仰人の生きた活字を藉《か》りるに限る。私の拙文も彼女の誠実さと情熱に補われている」

と手島郁郎は日記につづる。

## 予言は真か偽か

九月になり、朝鮮戦争は戦局がいよいよ急迫していた。北朝鮮軍が圧倒的な攻勢でさらに南下し、韓国軍と国連軍は、半島東南端部の釜山《プサン》周辺に追い詰められる。

反転、脱出の途《みち》はなかった。装備の劣る韓国軍は、死守して全滅するか。国連軍は海に追い落とされるか――。

第二次世界大戦で、一九四〇年、イギリス・フランス連合軍の三十四万の将兵が、ナチス・ドイツ軍にフランス北端の港町、ダンケルクに追い込まれた。ドイツ軍機の空爆下に、ドーバー海峡を越えてイギリスへ、大撤退が成るか、どうか、という瀬戸際に立たされた、「ダンケルクの悲劇」の再来が危ぶまれていた。

対岸の戦火が、玄海灘を越えて、ついに日本に及ぶか――。

手島郁郎は、しばしば、天より予言を受け、そして、ひとびとに予言した。

九月三日（日）　夜はイザヤ書四十二章を講ず。「さきに予言せるところはや成れり、我また新しき事を告げん。事いまだ兆《きざ》さざるに、我まずなんじらに聞かせん」（イザヤ四二・九）と。

私は聖書の歴史観から現下の戦争と国際関係を論じ、「九月十五日を機に、朝鮮の戦局は新しく転換すべし」と再び予言して、教友諸君に私の予言の真か偽か、目を瞠《みは》って見よ、と言及した。

予言なき福音は、真の福音にあらず、またエホバの霊の証言にあらず。聴け！　わが神の幕屋にひびく黙示の声を。

果たして、その日、九月十五日は——。

九月十六日（土）　一ケ月前に私に示された予言は、その日、その期を違えず、アーメン。

新聞紙は、『昨日の朝、仁川港《じんせん》に米軍大挙、四万上陸、戦勢一変す』と報ず。

「驚くべし、教友よ、畏《おそ》れよ、エホバの予言を！」と、夜、第二イザヤの予言講義をなしつつ、私の心魂は熱し沸《たぎ》った。

九月十五日、国連軍が大挙、ソウルの西四十キロの黄海に面する港湾都市、仁川《インチョン》に強襲上陸して、大反攻に出た。二十九日には首都ソウルを奪還し、半島南部で攻勢にあった北朝鮮軍を南北から挟《はさ》み撃ちにして、北へ敗走させ、戦局は一気に大転換した。

朝鮮戦争の一大転機として、歴史に残る「仁川上陸作戦」である。

## 小さき群れなれど

高原の秋は、里より早く訪れる。

阿蘇の山肌に、ススキの穂波が陽を受けて白銀にかがやく。

予感を秘める歌――。

山野辺《やまのべ》はすすき尾花に風そよぎ
　わが立つ秋《とき》は近づくらしも

手島郁郎は、あの滝見荘で、十一月初めに、再び、聖書集会をひらくことを思い立つ。

かえりみれば、一九四八年八月、七名で始めた阿蘇聖書集会だったが、二年余を経て、ようやく熊本の幕屋に集う者は七十名を数えるようになり、そのうちの三十名近くが異言を語るほどになっていた。

これは予言というべきか——、この年、一九五〇年十月十五日の手島郁郎が日記に記した、次の一節が、私には、深く心にとまった。


　小さき群れなれど、この幕屋は日本に比《たぐい》なき霊界の偉観である。

　やがて時来たらば、これらの人々、全地に散って、主イエスの御名《みな》を証《あかし》し、聖霊の炬火《きょか》を日本に、アジアに、あかあかと点じ始めるであろう。


このことばは、手島郁郎の伝道と「キリストの幕屋」の軌跡を考察するとき、いつも、私の心のうちにあって、遥《はる》かに木霊《こだま》している。

手島郁郎は、東京・吉祥寺に住む東京大学教授・小池辰雄氏へ宛てた、阿蘇聖書集会に講師として招く手紙（十月十五日付）に書き記す。

——数日前、小生祈りつつ異言の裡《うち》に、十一月三、四、五日の阿蘇集会にかつてないような驚くべき恩恵があるべきことを、神様はお示しになりました。

凡《すべ》てが神様の聖手《みて》の裡に運ばれ、参集者に画期的恩恵が降《くだ》るべきことを予知せしめられました。


驚くべき恩恵とは、——。

独立伝道の茨道は、苦難の曲折をたどって、大きな山場に差しかかっていた。

## 滝見荘でなにが起きたか

阿蘇に秋が深まる、十一月。垂玉温泉、金龍の滝のあたりは、紅葉《もみじ》の綴《つづ》れ錦《にしき》に彩られる。

三日。あの滝見荘に、「小さき群れ」が集まってくる。ある者は、ガタガタの木炭バスに揺られて、またある者たちは、下田駅からの山道を、自炊の荷をかつぎ、あえぎ登って——。みな、米五合と野菜、受講料二百円を持参していた。

夏の集会のときと違って、地元熊本のみならず、広く各地から、遠くは北九州、関東から、およそ六十名が集う。生き悩む者、病む者、自殺未遂のすえにすがる思いの者、なかには聖書さえ持たぬ者も。みな、救いを求め、導きを求めてきた。

聴講者は、まず聴講願いの提出に当たって、願書に記された設問に答えなければならなかった。

「いつごろから神を求め、真に知ろうとするに至られましたか」

「イエス・キリストとは」

「回心、または新生の体験ありや。いつですか」

「十字架とは」

「現に、特に神に求め願いたきこと」

しかし、問いのすべてに答えられない者もいた。聴くひとの信仰とその求めを知り、ひとに応じて、手島郁郎は説こうとしたのであろうか。

手島郁郎は断食して、この集会にのぞむ。

講師として、東京大学教授・小池辰雄氏が、福岡から西南学院大学教授・里見安吉氏が参加した。

滝見荘の八畳と六畳の間は、正座する五十九名の聴講者で埋まった。

第四回阿蘇聖書講筵は、三日から五日の昼にわたって、ひらかれる。

初日。小池辰雄氏が「精神革命」と題して詩篇を講じた。
この日の手島郁郎の日記から――。

夜は小池先生の「精神革命」と題して神の啓示史の展開について驚くべき講演を聞いた。旧約と新約の年代的対比から推論しつつ、霊的に人間革命が今こそ起こらねばならぬ、との預言者的な講演は全会衆の心を震撼《しんかん》した。
そのあとで、里見先生のダンテのお話があったが、私は別棟で、少数の婦人達に特別の講義をする。小池先生にお立ち会い願う。
ともに祈り、語り、説き、祈りつつ、翌朝に及んだ。九名の姉妹達、聖霊との親しき交わりに、深く入れられしこの夜、私は永久に忘れないであろう。

二日目。手島郁郎は熱を込めて「信仰の心路《すじ》」を説いた。
手島郁郎の日記から――。

午後と夜の白熱した感話会、熱誠に溢《あふ》るる信仰告白、悲痛な実生活上の戦い、勇敢に十字架を負うている姿、凡《すべ》て感涙なきを得なかった。

夜十一時から、男子の人に異言講義というよりも「真の信仰とは何か」とその心路《すじ》を説く。よい信仰の心路に入り、神の愛に投身し、聖霊の磁場に触るれば、真のクリスチャンなら、誰しも、独り自ずと異言は口から出るものである。私は単に産婆役に過ぎない。私の熱愛は心も狂いそうに、教友達の魂を追求し、心臓もはり裂けそうであった。

遂に未明まで講じつづけ、河野薫、山元重光、中村勝之、有松信太郎、桜井信市、田中剛、新納敏生の諸君が霊のバプテスマを体験せられ、霊言に恵まれらる。神の国のため、大いなる喜悦であった。しかし、三夜の不眠がつづき、疲労の極《きわみ》、昏倒《こんとう》しそうであった。辛うじて主の能力《ちから》に支えられて、果たすことができた。

三日目。この集会は昼に終わる。午前、小池辰雄氏が詩篇講義を進めた。そのとき、手島郁郎は、なにを感じていたのか――。

十一月五日（日）　朝の小池先生の詩篇講義は快調に進み、信仰の佳境は美しい絵巻物のように繰りひろげられてゆく。だが、もうこの数時間で終講となる。

このまま散会するにはいかにもうら淋《さび》しい感じである。このままで終わっても、今までのいずれの講習会でも経験し、学び得ない最上の集会であろう。だが、神様は、比較に絶する聖なる刻印を、何だか私達の魂に灼《や》きつけんとし、また遺《のこ》れる者達の重責、行くべき使命、明確な信仰を何か強烈に印象せしめんとし給うような予感に駆られ、私は室外で独り祈る。祈りつつ全身にびりびりするようにも聖霊の波動が伝わり、じっと堪えられぬほどに、超人間的なエネルギーが異常にたぎり出してくる。

このような灼熱的な霊化の経験は生まれて初めてのことである。聖前《みまえ》にじかにある実感がひしひしとする。

集会も終わり近く、終講に当たって、手島郁郎は説く。不眠不休の憔悴《しょうすい》した身で、眼光鋭く、烈しく――。

生けるキリストを聴く者の魂に打ち込み、聖霊が注がれるように、と渾身の力をふりしぼった。

独立伝道に立って年経るごとに、手島郁郎の祈りと言動は、熱さ、烈しさを増したように、私には感じられる。

いま、森閑とした山の音に包まれた滝見荘に、烈々と響く声を想う。

その場は、どんな情況だったのだろう――。

記録映像の制作に当たり、そのときの聴講者のうちの数人に頼んで、滝見荘の畳の間にそれぞれ座ってもらう。いまや、みな、齢七十あまりのひとである。

当時を再現して、八畳間の障子側に「生けるキリスト」と白墨《チョーク》で板書した小型の黒板を掲げた。そして、卓上には、展《ひろ》げられた手島郁郎の聖書のみ——。

手島郁郎の伝道を嗣《つ》ぐ吉村騏一郎氏（当時二十二歳）が立って、証言する。

「先生は、『生けるキリスト』を指し示しながら、ほんとに全身全霊をこめて、語りつがれました。

真《まこと》の信仰とは、この生けるキリストが私たちのからだのなかに入ることである。そして、その経験というものは、ほんとに火がうちに燃えるごとく、キリストは私たちを突き動かしてやまないお方である。

私たち各自に、キリストの生命《いのち》が内在し、聖霊の愛に生きているか、どうか。ここに信仰の奥義《おうぎ》がある。

天上、天下、主イエス・キリストの名以外に人間を救う名を神は与えておられない。

このキリストにこそ、私たちの原始福音はあるんだということを、はっきりと、使徒行伝四章を引きながら語ってくださいました。

先生が霊に燃やされて、もう我もなく、世もないような状況がここに展開してまいりまして。私たちは聖なるお方の前に引きすえられたような思いで……。

ですから、そこに、先生のお話の途中から、（祈りのうちに）不思議な霊動が始まり、霊言（異言）が噴きだし、霊歌が噴きだして……」

霊歌とは、ソプラノのような高い声で歌うように出る異言をいう。

滝見荘で、甲斐清子さん（当時二十二歳、旧姓・新納《にいの》）の証言。

「それで私も自分で霊歌が出ながら、そのなかに魂がひたっていました。そして、しばらくして目をあけたんです。そしたら、先生が正面で天へ手をかかげ、天のメロディーに聴きいっておられるようでした」

新納敏生氏（当時二十歳）の証言。

「もう祈りが高揚しますと、藤岡（弘之）さんだったと思いますね、バターンと霊で打ち倒されて……。もう必死で祈りましたね。

そのときは皆さんが、霊の磁場というか、聖霊の注がれる場というのはこういうものか、人間をそのなかに、経験ない者も、信仰の未熟な者も、ひたすら自分で求めたものではない者も、同じ生命《いのち》に入れてくださったということは、こりゃぁありがたいな……と、いま思いますね」

手島寛郎氏（当時十四歳）の証言。

「私はなにもわかりませんでしたけども、最後の集会のとき、みんなが祈っているさなかに、父が私にも按手してくれまして、聖霊を受けよ、って温かい手を按《お》いて祈ってくれた途端、ほんとにからだのどん底から、不思議な喜びが湧きあがってきて、声にならない声を、叫び声を、もううれしくてならなくて叫び出したんですね。

ほんとにうれしくて、うれしくて仕方がない。そのとき、父が耳元で、寛郎、それ異言だよ、と言ってくれたことをおぼえています」

この場は、合掌する者、天に手をかかげる者が、異言の祈り、雄叫《おたけ》びの祈りとなって、堰《せき》を切ったように悔い改めの慟哭《どうこく》と喜びの嗚咽《おえつ》に満たされた。

# 第十一章　ペンテコステの火

聖霊降臨の「屋上の間」（イスラエル・エルサレム）

## 歴史は繰り返す

それは、東洋の極東、日本の南、九州は阿蘇山中の小さな湯宿で、現実に起きた。聖書講筵《こうえん》に集い祈る小さな群れが、天降《あまくだ》る聖霊の注ぎを感じた、一九五〇年十一月五日――。手島郁郎は、特筆すべきことと日記に書きとどめる。

（前略）神に対する感謝と讃美。悔改めの慟哭《どうこく》、血を吐くような祈り、真実な叫びが、天上に向かって続々と上げられた。いつしか堰《せき》を切って落ちたぎる奔流のように、全員は魂を注いで祈り出し、殆どの人が異言を語り出しているではないか。入信早々の堀川淳君なども異言の雄叫びを上げている。

余りの物凄《すご》い霊のエマナチオン（放射）の旋風にあてられ、超物理的な烈しい、熱い渦流の力に圧せられて、私は司会者として、立つことすら出来ずに暫《しば》らく席を外した程であった。

実に世紀の壮観である。恐らく日本の宗教史上空前の出来事であり、特筆すべき事件として、後世にも語り続けられるであろう。

その場に臨んで目撃し、自ら体験した東大教授・小池辰雄氏は、のちの講演で語る。

「この集会は、手島さんにとっても歴史的なもので、幕屋のペンテコステであったわけですね。

この集会で、参会のみなさんが『お父様！』と言って、ものすごく叫んで（祈って）いる。無教会にはああいうのはなかったですから、私は正直ちょっとびっくりしました。でも、すぐ『これだ』と思いました。私も一緒に祈っているうちに、自然に異言になったわけです。

『小池先生、それは本当の異言です』と手島さんが横からささやいてくださる。

それから女の方々が霊歌を歌い出したんです。それがおのずから天的な妙《たえ》なるリズムを成しているではありませんか。手島さんがタクトをとりながら、『ちょっと、小池先生、見てくださいまし』と。あれは本当に録音しておきたかったですね。歌っている方々は、祈りの世界ですから瞑目《めいもく》しておられるわけですが、ちゃんとリズムが合うのです。

こういった事態はいまだかつて無教会にはなかった。確かにこれは次元が違う。

私にとって、この阿蘇の集会は、聖霊のバプテスマ（洗礼）であったわけですよ。

その前に私も、無教会にはなにか欠けている、それは祈りの世界だと自分で気づいていた。

私の中にくすぶっていたところに、火が点《とも》された。

帰りの汽車の中で聖書を読むと、まるで響きが違うのです。パウロの書簡の聖霊とか御霊《みたま》とかいう文字が躍動して迫ってくるのでした。そんなわけで、祈りの世界で私の中にくすぶっていた霊に、聖霊の火が点されたわけです」（一九七四・一）

そして、滝見荘に顕現した事実について、当時、こうも記述している。

これを疑うものは、福音書の多くの奇跡と称する記事を疑うがよい。キリストの言《ことば》、それ自体が人間の頭脳からしぼりだした言葉とは異質である。そうでなければ、実にキリストそのものを疑うがよい。神の啓示的事実にぶつかった者は、理性の批判をむしろ憐《あわ》れむであろう。（『生命の光』一八号、一九五〇・一二）

体験者ならではのことばである。

西南学院大学教授・里見安吉氏も、その場で実感したことを、次のように記している。

阿蘇の聖書講筵は、従来いかなる会合でも経験しなかった、極めて強烈な霊の力が会衆一同を支配していたことを感じた。そこには、一切のごまかしが許されない真剣な空気が流れており、朗読される聖書も、歌われる讃美歌も、祈りの言葉も霊感に満ちており、キリストの実在をうちに感じないでいられなかった。（中略）

阿蘇に来てよかった。得がたいものを得たと感じた。すべては主催者の手島兄の断食徹宵《しょう》《てつ》の祈りに支えられた、緊張した三日間であった。われわれの心は、ひたすら天地を創造《つく》り給えるエホバに注がれた。

手島兄の使徒行伝講義について、われわれの教えられた点は、使徒時代の聖霊の力は今でも強く働くということであった。それが、遠い過去の記録として考察されるのでなく、現在ここに始まっているという実感を与えた。

キリスト教会では、異言の問題に関して、種々の憶測が行なわれているようだが、聖書がかくも接近した書物として、生き生きと私に迫るものを感じさせるようになったのは、この聖霊経験に接してからである。説明しがたい現象を、無理に既成の概念や類型にあてはめて無視してはならぬと思う。（『生命の光』一七号、一九五〇・一二）

新約聖書『使徒行伝』は、復活したイエス・キリストが天に昇るとき約束したとおり、「聖霊降臨」が、ペンテコステの日にエルサレムのシオンの丘の「屋上の間」で起きた、と記している。

第二章第一節から、今また、文語体で読んでみる。

五旬節《ごじゅんせつ》の日となり、彼らみな一処《ひとところ》に集ひ居りしに、烈《はげ》しき風の吹ききたるごとき響《ひびき》、にはかに天より起こりて、その坐する所の家に満ち、また火の如きもの舌のやうに現れ、分れて各人《おのおの》のうへに止《とど》まる。彼らみな聖霊にて満され、御霊《みたま》の宣《の》べしむるままに異邦《ことくに》の言《ことば》にて語りはじむ。……

まさに、同じようなことが、現代日本の片隅で起きたのである。
手島郁郎は、世に宣するごとく、『生命の光』(一七号)に書き記す。

聖書は過去の書物ではない。現在の生きた真理、生命経験の記録である。使徒行伝は生《なま》の歴史である。歴史は繰り返す。
ペンテコステは千九百年前の史実である。しかし、今も真の信仰生命のみなぎるところには繰り返されて、それは溢《あふ》れて生起する現実である。
今度の阿蘇聖書講筵の最後の光景《ラスト・シーン》は、文字どおり現代日本人が体験したペンテコステであり、必ずや後代まで語り伝えられるであろう。

## 犠牲《いけにえ》、天に召されて

御霊《みたま》よ降《くだ》りて　むかしのごとく
くすしき御業《みわざ》を　あらわし給え
代々にいます　みたまの神よ
いましもこの身に　みちさせ給え
（讃美歌五一三番・昭和六年版）

寒気をふるわせて、聖歌の熱唱がひろがる。

年明けて、一九五一年――。熊本市の北部、竜田山《たつたやま》山麓の保育所、十光園《じっこうえん》でひらいた新年聖会に、六十名が集い、熱い祷《いの》りを祈った。

元日の午後から四日まで、のべ四十時間あまり、手島郁郎はひとりで講じ、ひたすら熱く福音を証しつづけた。

実は、このとき、照世夫人は病重く、いのちの危機にあったのである。

一週間前、クリスマスのころから重体となり、大晦日《おおみそか》の夜には脈拍がとどこおって、死期がそこに迫ってきていた。

新年聖会の開催も危ぶまれる。

手島郁郎は夫人の頭《こうべ》に手を按《お》いて、必死に祈った。

「神様！　妻の死期を数日間延ばしたまえ。ねがわくは正月五日に逝《ゆ》かしめたまえ！」

すると、夫人は奇しくも持ち直し、一同は愁眉《しゅうび》をひらくことができた、と吉村騏一郎氏はいう。

そんななかでひらかれた新年聖会は、熱く、息づまるような霊的雰囲気に包まれた。

保育所のストーブも火鉢もない板張りの間。手島郁郎は烈々と長時間ぶっ通しで講じ、聴講する者は膝も崩さず座りつづけて、聴き入った。

夜、参会者が体験を語る感話会は午前二時に及んだ。そのあと、さらに手島郁郎は数人に異言の指導をした。

新年聖会の参会者たちは、日常を超えた霊的な空間におかれて、人間の心身が打ち変えられる現実を目の当たりにする。

ある者たちは、初めて異言を語りだし、口のきけなかったひとりの少女は、手島郁郎の按手でたちまち舌が動き、神を讃美する喜びのことばを発した。

結核の重体の身で参加していた高校生（光永俊介・当時十九歳、後述）は、元日の午前、先に辛島町の幕屋で開かれた新年聖会で、奇跡的な癒しを与えられている。

四日夜、集会が終わったとき、「夫人危篤」の知らせがとどく。

照世夫人は呼吸困難に苦しみ、今際《いまわ》のきわにあった。

しかし、手島郁郎が病床にかけつけると、澄んだ瞳を向けて微笑み、

「お疲れでしょう」

と苦しい息のなかから夫の労をねぎらった。

「永い間……、お世話になりました……。ありがとうございました……。

いまからがいちばん大変なときですのに……、少しもお役に立てなくて……、お世話できずに……、すみません……。天に帰らしていただきます。どうぞ、ゆるしてください」

「なにを言うの。ぼくこそすまなかった。ほんとにゆるしてちょうだい」

手島郁郎は妻を慰める。

「ずいぶん辛《つら》いことや悲しいこと、苦しいことがあったけど、過ぎ去ってみると、楽しい日々だったね。ほんとにふたりは幸福だったね。しみじみそう思うよ」

「ええ……、すべては楽しい思い出です……。しばらくは、お淋《さび》しいでしょう。でも……、私が死んだら……、きっと……、とうちゃんにも、子どもたちにも……いいことがありますよ。神様がきっと……そうしてくださいます」

「あなたは霊界に帰るのだからね。霊界からの助けほど、ぼくが今、いちばんほしいものはないよ。ふたりでいっそう共同して働こうよ。天と地と別れていてもね」

「ええ……。どうぞ、私のいま……体験しているこの福音を……、お伝えください。肉体は地獄のような……苦痛のさなかにあるのに、魂は不思議に……、深い深い喜びにあります。こんなキリストの御贖《おんあがな》いを……、永らく知りませんでした。十字架は苦難ではなくて……、天の喜びです。

私はいま……、死のうと……しているのではなくて……、もっと……強く霊に生きようと……しているのです。

それであなたも……、ちっとも心配なさらずに……。この福音のために……お働きください。天国で……、私も……祈っていますから……」

照世夫人は、好きな聖歌『よわきものよ』を歌ってほしい、と求めた。

死の床より　起くるその日
勇み歌はん　主のみいさを
主によりて　あがなはる
わが身の幸《さち》は　みな主にあり

（讃美歌五二八番・昭和六年版）

末っ子の虹子は、いたいけな、まだ三歳。この幼な子をのこして――。

照世夫人は、明くる五日、天に召された。享年三十九歳。

告別式でみなが歌い、別れの祷《いの》りを祈った。切々と寛郎、佑郎の兄弟も祈った。

手島郁郎は別離の苦衷《くちゅう》を詠《よ》む。

たまゆらの灯も消えなむに　ひときはは
　照りさへ返り　離別《わかれ》告ぐるも

わが歩むひとりの影は寒けれど
　逢はむ照る世に忘れかねつも

夫の伝道の霊的働きを援《たす》けるために、夫人は悲しみを超えて、自らの生を神への犠牲《いけにえ》として捧げ、召天した――。

そういう思いが、手島郁郎の胸中にもあったのではないか、と私は推察する。

のちに、手島郁郎は『エゼキエルの妻の死』と題する講義で語る。エゼキエルは紀元前六世紀ごろの預言者。旧約聖書の預言書『エゼキエル書』を著わす。

エゼキエルの妻は死んだ。(一部略)その愛《め》でしものを失って、彼は世に希望なく、ひとり寂莫《せきばく》の旅路をたどるものとなった。

日をおうて、心身脱落したもののように、彼はもう地を見まわすことをやめて、見さくるばかりに天の彼方をみつめる人となった。その目は見えぬ世界を慕うに至る。

肉の人は見ゆるもののしか見えず、判断もそこに止まるが、しかし、霊の人は視界を超えて、見えぬものに真実を見ているものなのである。

エゼキエルは、妻の死を通して、その心が砕かれ、地上に天が開けた。全人的に心身脱落してのみ、彼らは霊のキリストの割礼を体験したのであった。

よく霊視でき得る者のみが、強き確信をもって毅然《きぜん》として預言し、神の福音を披瀝《ひれき》し、行証《ぎょうしょう》しうるのである。

夫人の死を超えた、手島郁郎のさらなる霊的境地の高まりを感じさせることばである。

身近に、照世夫人の死と師の姿を見つづけてきた吉村騏一郎氏は、

「照世夫人の召天後、先生の霊的な変貌はめざましく、天与のカリスマタ(霊的な賜物)が

著しく臨んだ。（その）奇跡的な力には誰しも目を瞠《みは》った」と驚きをもって述べている。

## これは真実である

一九五一年一月三十一日の日記は、いつになく、長い記述になっている。この日の手島郁郎の感激の大きさがわかる。

先に第一章と第七章で前述した、「慶徳小学校事件」の始末である。『地路歴程』より、ここに記載したい。

一月三十一日（水）　欠席裁判で知らぬ間に私は無罪となっているではないか。案じつつ死んだ彼女と共に、この喜びを共に語り合えぬ悲哀、彼女を想っては心も狂いたいような口惜《くや》しさとなつかしさで一杯である。然《しか》し「エホバは生く、わが魂は生く！」と叫んで、私はただ嬉し泣きに泣いた。

さらに、つづく。しかし、ここで説明を要する。これは、敗戦後の「米軍占領下」という、平常時ではない、異常な情況で起きたことである。

三年前の一九四八年、熊本市立慶徳小学校を廃校にしようとした占領軍軍政官ピーターゼンに、手島郁郎は公然と反対した。ピーターゼンは怒り、手島郁郎を罰する罪状をつくりたてるために、法務担当官をして警察に命じ、手島家を家宅捜索させた。そして、闇米隠匿《やみごめいんとく》の食糧管理法違反などで逮捕を図る。

ピーターゼンの専横ぶりを知る警察署長は、ひそかに手島郁郎を逃がす。やむなく、手島郁郎は阿蘇へ逃れて山中に潜み、そこで思わざる神の召命を受けた。それが独立伝道への重要な動機となり、奇しき運命の展開を見たのであった。

ピーターゼンは左遷され、手島郁郎は身柄を拘束されなかった。しかし、この事件は、これで一件落着とはいかなかったのである。

食糧管理法違反などで立件され、手島郁郎は起訴されて、熊本地方裁判所で有罪の判決を受けた。

私はそれを知りつつ、これまで記述しなかった。ここにまとめて述べるためである。

一月三十一日の日記に、この間の事情が記されている。

（中略）突然、ある朝、別に罪状も無い私に、国警（当時の国家地方警察）から三人の刑事が来たり、軍政官の命によって、私を逮捕するという。

「どんな罪で私を逮捕するのか」と訊《たず》ねると、「いや、今から貴方の罪状を発見するために、家宅捜索をするのだ、よいか」と言う。三人の刑事が家中をひっくりかえしてしまった。妻も、子供達もおろおろになって、泣くにも泣けぬ有様であった。

私は余りにも非道《ひど》い仕打ちであるが、ただ黙って、その為《な》すに任せた。しかし、どんなに家を捜索しても、何も出てこない。

ところが夕方になって、その刑事は再び来訪、私達が備蓄している米麦を差押えることになった、と言って、米三斗、麦二斗ばかりを引上げに来た。なお、コーヒーやココア等も参考のため持って行くという。前年の飢饉《ききん》に懲《こ》りた私達一家は、努めて甘藷《いも》、その他の代用食を食べ、出来るだけ米麦を備蓄したのに、これを引上げるというから、妻も子供達もみな泣いた。

しかし、事件の背後と真相を知る熊本市警察当局（当時は自治体警察）は心から私を保護し、北警察署の中島署長はじめ関係の係官は真に同情し、庇《かば》って下さった。その後、取調べの検事も、深く同情し、慰めて下さった。

しかるに、ある権力を恐るる熊本地方裁判所は、私を料飲店営業臨時規則違反（など）の罪名で、営業名義人でもないこの私に対して、「懲役六ケ月、執行猶予二年」の判決を下さざるを得なかった。

その裁判長も、「どうぞ、こんなやむを得ぬ事情を諒察《りょうさつ》して下さい。貴方が義《ただ》しい人であることを私はよく知っています。どうぞ控訴なさるように」と言い添えられた。

この事件については、九州女学院長エカード先生やクリスチャン弁護士の山中大吉氏が如何《いか》に私のために弁護して下さったか、その友情は忘れられない。

福岡高等裁判所では、永い間、本件は放置されたままであった。ところがようやく昨年の十一月七日に初の公判をなすから出廷するように、とのこととなった。

しかし、丁度その日は、(阿蘇・滝見荘の集会などで)小池辰雄先生が来熊中とて行けなかった。しかるに、弁論もせぬ欠席裁判に於いて「懲役六ケ月」を抹消していたのである。

今朝、このことを知って、エホバの為《な》し給う聖業をただ、私は讃《たた》えるのみである。

「エホバは生く、わが魂は生く!」

生前、妻は「神様が生きておられるならば、何故、義《ただ》しい人が罰され、苦しむような事を神様はなさるのであろう。神様は何故に知らぬ顔をしておられるのだろう!」と訝《いぶか》っていた。彼女は悲しみつつ死んだ。今、この喜びを頒《わか》とうとしても、彼女はいないのである。

ああ!

熱い喜びと深い悲しみが交錯する、痛切な想いを読み、私は胸を打たれる。しかし、――。手島郁郎に関する多くの記録、資料を当たっていて、初めてこの日記の一文を読んだとき、私はうなずけなかった。

（おかしい……！）

出廷もしなかった被告に、「一審判決の懲役六ケ月を抹消。無罪」という控訴審判決が下されることが、ありうるものか。直観的に疑念が湧いた。

「疑い深いトマス」ということばを聞く。イエスの十二使徒のひとり、トマスは、イエスの復活した姿を見た、という者たちのことばを疑った。十字架上に釘打たれ、刺し貫かれて息絶えたイエスの復活を信じられなかったのである。

十二弟子のひとりで、デドモと呼ばれているトマスは、イエスが来られたとき、彼らと一緒にいなかった。ほかの弟子たちが、彼に「わたしたちは主にお目にかかった」と言うと、トマスは彼らに言った、「わたしは、その手に釘あとを見、わたしの指をその釘あとにさし入れ、またわたしの手をそのわきにさし入れてみなければ、決して信じない」。

八日ののち、イエスの弟子たちはまた家の内におり、トマスも一緒にいた。戸はみな閉ざされていたが、イエスがはいってこられ、中に立って「安かれ」と言われた。それからトマスに言われた、「あなたの指をここにつけて、わたしの手を見なさい。手をのばしてわたしのわきにさし入れてみなさい。信じない者にならないで、信じる者になりなさい」。トマスは答えて言った、「わが主よ、わが神よ」。イエスは彼に言われた、「あなたはわたしを見たので信じたのか。見ないで信ずる者は、さいわいである」（ヨハネによる福音書二〇・二四〜二九）

私は、俗な疑い深いトマスである。

手島郁郎ご本人に会ったことも、講演を聴いたこともなく、本書を執筆するにあたって、私は、かつて手がけてきた調査報道の手法と姿勢で臨んだ。

記録や証言の収集とその検証、客観的な考察と合理的な推論、そして、真実の発見――。さらに、見えないものに目を注ぎ、感じるものがあるか、どうか――。記録や資料の数々に目を通しながら、その目は、疑い深いトマスの目であった。嘘《うそ》はないか、粉飾はないか、といちいちを吟味する。

真実と信じられる事実のみを、いわばモザイク画をなす角片《テッセラ》のように組みあげて、読むひとの心のうちに、手島郁郎の実像が浮かび上がるものでありたい、とねがってのことである。記録の一片にでも嘘があれば、真実の実像を結ばない。

（ウラをとらなければ、書けない）

確たる裏付けなしには、これは書けない、と私は思った。これは真実である、という証左が必須である。これがもし、誤り、偽り、となれば、執筆する私の構想はゆらぐ。

その真偽の確認は、思わぬ展開をした。

二〇〇五年十月、伝記映像『手島郁郎の記録　幕屋の夜明け』の初の上映会が、東京・丸の内の東京国際フォーラムでひらかれた。上映後のレセプションで、勝俣幸洋弁護士が立って、件《くだん》の「無罪判決」をめぐって、その調査の経緯と結果を語った。

なかに私の名が出たりもするが、あえて、私が説明するより、わかりよい勝俣弁護士の談話《スピーチ》をそのまま記させていただく。

私は『地路歴程』とか手島先生の伝記一巻、それから『原始福音信仰序説』を読んでいて、いつも引っかかるところがありました。それは、福岡高裁で手島先生が欠席のまま、「熊本地裁で懲役刑を言い渡された有罪判決が、無罪判決となっていた」という記載部分です。これは裁判制度の常識からは考え難いことでございまして、自分の中でいつもこの箇所になると葛藤《かっとう》が生じるのですね。先生が不実を語るわけがないけれども、これはあり得ないことだし、というふうに非常に悩みました。

伝記映像の制作が始まってから、あるとき、石川義信さん（キリスト聖書塾）から私の事務所に依頼が来ました。先ほどの箇所について、毛利先生も疑問を呈しておられるので調べてほしい、ということでした。

それは、もう五十数年前の判決です。しかも、起訴事実にかかる「食糧管理法」等は、当時、どこかの家庭を家宅捜索すれば、きっと（闇米などが）摘発されるといっても過言でないような、社会の実情を無視した内容でした。ですから、それに違反した事例など、珍しくともなんともないものだったわけです。裁判の先例的な意味もありませんし、戦後の混乱期に言い渡された判決書が残っているわけがないよなあ、と思いながらも、調査させていただきました。

そうしたら、裁判制度上、刑事記録は福岡高裁から熊本地裁に戻されることになっていまして、担当官に問い合わせますと、「残っているかは疑問ですけれど、やってみましょう」と応じてくださいました。二週間後に、その担当官から「ありましたよ！」と興奮した声で電話連絡が入りました。私も興奮しました。

それで判決文のコピーが送られてきました。ちゃんと「無罪」と出ていたんです。これはいまだに、なぜそうなのかと理解できません。要するに、人間の力、あるいは人間の理解力を超えた不思議ななにかが働いていたということを、まさに法律家として私は証人とならせていただく光栄に与《あず》かれたわけなんです。

皆さん、これはほんとうにあり得ないことなんですよ！　毛利先生のご指摘はたいへん鋭いものでしたが、私も、これを調べさせていただける機会が与えられるとは、夢にも思っていませんでした。これはそのときの資料でございます。

「主文、『本件公訴事実中、食糧管理法違反及び物価統制令違反の点については無罪』と。そして、残る「飲食営業緊急措置令違反」の点のみ、手島先生も言われているように「罰金」の判決が言い渡されていたのです。（注・喫茶店ムーンライトで、飲食営業緊急措置令の改正後に、客にビールを提供したことが措置令違反であるという理由で、罰金三千円）

刑事事件というのは、被告人が欠席のままでは手続きを進めることができないのが原則であります。控訴審においても、本件のように出頭命令が出されていたと考えられる場合には、同様に欠席のままでは判決を言い渡すことはできないはずなのです。それが欠席のまま、しかも、懲役判決がなくなってしまっていたということ。先生が書かれていたあの

部分は、まさに一点、一角も崩れることなく事実でした」(原始福音週報『マクヤ』八〇八号より)

福岡高裁の判決書のコピーが、いま、私の手元にある。これは、手島郁郎の記述に、誤り、偽りがなかったことの明確な証左である。

これは真実の記録である。

# 第十二章　我ら進みゆくべし

晩年の手島郁郎（1973 年 11 月、東京）

## 生けるキリストを証しして

新約聖書の福音書によると、イエスは地上にあって、さまざまな奇跡を行なった。

盲人は見え、足なえは歩き、重い皮膚病にかかった人はきよまり、耳しいは聞こえ、死人は生きかえり、貧しい人々は福音を聞かされている。(マタイによる福音書一一・五)

そして、イエスの昇天後、福音を伝道する使徒たちが、聖霊を受けて、かずかずの奇跡を行なったことを、『使徒行伝』は各所に記している。

主は、彼らの手によってしるしと奇跡を行なわせ、そのめぐみの言葉をあかしされた。(使徒行伝一四・三)

使徒時代さながらに、原始福音を伝道しようとねがう手島郁郎と幕屋に、奇跡ともいうべきことが、次々に起きている。癒《いや》しの事象は枚挙にいとまがない。

癒しの事例をことさらに書きつらねようとは、私は思わない。先に、拙著『地獄の虹』（前述）を著わしたときも、癒しの事実は簡略に抑制して記した。癒しを売り物にする宗教まがいのものと、いささかも混同されないためである。

とはいえ、ここに、生けるキリストを証しする癒しのひとつの例証として、私がその体験をじかに聞き取ったケースを記しておきたい。一九五一年の元日午前、熊本幕屋での新年聖会で聖霊の注ぎを体験して癒された高校生（光永俊介・十九歳、前述）のことである。

彼は、その前年、五〇年十一月の滝見荘における、いわゆる「幕屋ペンテコステ」で、聖霊の注ぎを受けてぶっ倒れた高校生、藤岡弘之（十九歳）の県立熊本高校の同期生である。ふたりはともに、のちに手島郁郎の伝道の弟子となり、その教えを嗣ぐキリストの幕屋の中心的な伝道者となる。

ちなみに、ふたりは熊本大学に学び、私と同窓だが、学部・学科や学年が違っていて、面識も交流もなかった。

私は二〇〇四年に、手島郁郎に関する取材を始めるに当たって、初めて光永俊介氏に会い、インタビューした。藤岡弘之氏は当時、アメリカのシアトルに住んで、伝道に当たっていた。

高校生、光永俊介の実体験――。

熊高時代の彼は、生徒会長で、成績が頭抜けてよい秀才だった、と藤岡氏はいう。哲学を学び、また、マルクスの『資本論』にも傾倒していた。

光永俊介は、三年生になった四月のある日、突然、肺浸潤《しんじゅん》で発熱する。左肺が結核に罹患《りかん》し、それは右肺にもひろがって、さらに腸結核に及んだ。毎日、三十八、九度の高熱と下痢がつづく。からだは「骨と皮ばかり」に痩《や》せ衰えた。高校は長期欠席し、休学した。

当時、アメリカ製の結核特効薬、ストレプトマイシンは「注射一本一万円」といわれる高価なもので、一般には入手できず、このままでは死を待つばかりであった。

そんなときに、辛島町の手島郁郎の集会にいっている同期生の粟津郁夫《あわづいくお》が、たびたび見舞いに来ては「神様に救いを求めようよ」と熱心にすすめる。しかし、光永は「神はいない」と論駁《ろんばく》して、粟津をやりこめた。そのあげく——。

その結果は、光永氏自身が、五十年後、六十九歳のとき、『キリストは火である』と題して体験を記した一文が、よく証ししている。

重症の結核の私は、高校の友人に背負われて、必死の思いで幕屋の（一九五一年元日午前の）新年聖会に参加した。私はその日のことを決して忘れない。

三十九度の熱がつづいて絶対安静で伏せっている私の名を、友人は戸外で呼びつづけて、集会に誘ってくれた。こんな状態で出かけたら、死を早めるのではないか、という恐れが私にはあった。しかし、私を呼びつづけてやまない友人の熱い愛に負けて、「この集いに命を賭《か》けてみよう。死んでもともとじゃないか」と肚《はら》をきめ、身支度して外に出た。元日の朝で、とても寒かった。よろめく私を、幾度、背負ってくれたことだろう。あの背中は温かかった。いま思うと、主（キリスト）の背に負われていたのだ。

集会の間、発熱とけだるさで膏汗《あぶらあせ》を流し、朦朧《もうろう》としていて、手島郁郎先生のお話は全く覚えていない。ただ「聖霊を求めよ！」「聖霊を受ければ運命が変わる」というお言葉だけは、ガンガンと耳朶《じだ》に鳴りひびいた。

祈りに入ったとき、私は必死に病からの救いを求めた。死が怖かった。とにかく、「神様、助けてください。健康にしてください」ということしか祈れなかった。でも、その祈りの応験もなく、疲れ果てた私は祈りをやめた。

だが、そのとき、周りにいる人たちの熱涙溢《あふ》るる祈りと感謝を聞いて、「ああ、この隣の人のところまで神様が来ている！」と思った。私はからだをずらして、その人に触れて祈った。ここまで来ている神様の霊よ、私にも流れてきてください！と。

いま思えば、血漏《ちろう》を患《わずら》った女がイエスの御衣《みころも》の房にさえ触れれば救われると思って、神の生命を懇求したのに似ていた。

でも、なんにも流れてこなかったとき、極度の絶望感に襲われた。

「この隣人は救われているのに、私は救われない人間なのだ。十九歳で肺病で死ぬのが、私の宿命だったのだ」

そう思った途端、私の心の底からつき上げる衝動があった。

「いやです。神様、助けてください。そんな宿命なんていやです。貴神《あなた》の霊を注いでください」

絶望した私が、聖霊だけを熱求しえたのは、主の霊導であった。私の叫びは鬼の一念になった。

そのとき、手島先生が私の頭に按手された。ああ、そのとき、天の火が強度の電流のように、私に流入した。

かつて知らざる衝撃、私は火の海の中にいる自分を見た。キリストは火であった。先生も火であった。私の祈りも火、友人の愛も火であった。

火の中に私がいるのか、私の中に火があるのか、私の主が私に乗りこんで来られたとき、ああ、もう今日死んでもいい、と思った。今の今まで死を恐れていた私が、死を超えた次元に突入したのだ。

その日から平熱となり、下痢が止まった。話そうとすると異言が噴き出して、ご飯を食べるのに困った。両肺は気胸で癒着して大声が出なかったのに、泣きながら讃美歌を歌っていたら、バリッ、と胸が裂けるような音がしてびっくりした。それは癒着がはがれたときの音だったらしく、元の肺の形になっていたことが後でわかった。

「聖霊汝らに臨むとき、汝ら能力《ちから》を受けん。しかして地の極《はて》まで、わが証人とならん」（使徒行伝一・八）とあるように、とにかく、不思議が次々と起こりだした。そして、祈りと行動に明け暮れて、恐れがなかった。この神様を証明するために、私は天から遣わされたものだと思った、「もはやこの私は、わがものならず」と。

映像取材（手島寛郎氏との対話）で、光永俊介氏が、初めて辛島町の幕屋に行ったときのことを語った、次のことばが私には印象深い。

「（先生の話はよくわからなかったけど）烈《はげ》しい祈りになったとき、ぼくは、まず、ここは恐ろしいところだと思った。そこで目をあけてみてね、ぼくはあのときぐらい感じたことはない、祈ってるみんなの顔の美しさね。涙とともに神様に祈っている姿の美しさね。ここに神様がいる、とぼくは思った。ぼくは、神様なんかいないと思ってきた。

みんなの姿を見て、神様はこの人には来とらす（来ておられる）、ぼくもこの神様にさわりたい、さわれると思った。神様にさわれるという現実です」

同じく、藤岡弘之氏は、高校三年のとき、同期生の粟津郁夫に誘われて、初めて幕屋の集会に行ったときのことを語る。

「(幕屋の二階の集会室に) 入ったときに、なにか異様な感じですよね。教会とまるで違う。お釈迦さんの絵があるし、大きな孔雀《くじゃく》の絵があったりね。

手島先生に会ったのは、そのときが初めてで、教会の牧師さんとはおよそ違う感じで、ただもう圧倒されたということです。先生の話は全然わからなかったけど、それなのに、祈りがひっとでた (飛び出した)、それまでは祈りが出なかったのに。

教会に行ってたとき、高校三年になると司会もしなくてはならん。でも、祈りができなくてね。神様……、と言ってもどこかわからんしね。

ところが、ここでは、祈れとも言われんのに、祈りが飛び出してね。それが、『地の果てまでも、わが証人 (福音の伝道者) にしてください』という祈りだった」

その一週間後の十一月五日に、藤岡氏は阿蘇・滝見荘で聖霊の注ぎを体験する。

のちに、ふたりはともに伝道者となる。粟津郁夫氏は、三十代で夭折《ようせつ》し、すでに故人となっている。

## 使徒的伝道の旅へ

この年（一九五一年）から、手島郁郎は、九州各地のほか、大阪へ、東京へと伝道の旅に出た。

前年、阿蘇・滝見荘での聖霊体験が大きな転機となって、聖書講義中心の伝道から出て、原始福音の霊的信仰へと導く、使徒的伝道に歩く。

二月、東京・吉祥寺の東大教授・小池辰雄氏宅の集会では、三十名の聴講者が、熱い祈りが高まるなか、聖霊の注ぎを体験した。

東京女子医大教授・山崎十郎氏はその体験を語っている。

「手島先生は、一言でいいますと、峻烈《しゅんれつ》ということばが当たると思いますが、ほんとに神の権威に満ちて、恐ろしい先生という印象でした。

『私は十字架の死んだキリストを信じない。今も「我に来たれ！」と失われた神の民を求めて、この日本列島を歩みつつあり給う、生けるキリストを信じます！』

という先生のことばが口火になって、天に燃えている火が、私たちの上に雪崩《なだれ》のように落ちてくる異常な雰囲気の中に、全身包み込まれてしまいました。夢中で祈っているう

ちに異言が出て、ほとんど全員が一夜にして変わってしまいました」(『生命の光』二九一号、一九七四・一二)

これが、東京での初の集会となる。

東京・清瀬の国立療養所での集会には、肺を病むひとびとが大勢集まってきた。

聖霊の注ぎを受けたひとびとが、手島郁郎を慕って熊本へ向かうようになる。

各地から、熊本幕屋へと集まってきたひとびとは、熊本に住みつき、手島郁郎の導きを受ける。

熊本幕屋の二階の集会室では、手島郁郎は集い来たひとびとに、生けるキリストを説き、烈しく熱く霊的信仰へと導いた。

手島郁郎は、原始福音の伝道者を育てなければならないと強く感じていた、と思われる。伝道を志す者たちを、一人びとり階下の茶の間に呼んで、親しく、霊的信仰と伝道のあり方について教えた。

伝道とは——。手島郁郎はいう。

「伝道は、ただ教理や教訓を説くことではありません。神の御霊《みたま》が注がれて、福音が伝えられた人々の胸の中に、普通の人とは違った芳《かんば》しい御霊の賜物である愛、希望、信仰が、また不思議な奇跡的な力が顕《あら》われることです。異言や預言といった御霊の賜物を顕わすことです。コリント前書（一二～一四章）に詳しく書かれているとおりです。（中略）

実に御霊の注ぎを経た者と経ない者とは、人類と猿類のごとく似ていても質的に違うのです。弱かったペテロたちも聖霊にバプテスマされるや、異言、預言、癒し、不思議な力ある業を与えられ、キリストの御言《みことば》を語ってやみませんでした。

悩む人々を救い、病める人々を慰め、癒しました。このような御霊のエッセンスに与《あず》からしめることが、伝道の目的です」（一九六八・八、聖書講話より）

手島郁郎が伝道に歩く先々で、異言を語り出すひと、奇跡的に癒されるひとびとが相次ぐ。

この年七月、第五回阿蘇聖書講筵が、阿蘇・垂玉温泉の山口旅館（第二会場・柴田旅館）でひらかれ、百三十名が参集した。この集会でも、熱く祈るひとびとが天降《あまくだ》る聖霊の注ぎを体験する。

『生命の光』の執筆同人として名を連ねた、旧約聖書学者で無教会の伝道者、関根正雄氏（神学博士、のちに東京教育大学教授）も講師として招かれ、参加していた。

そのときの『阿蘇の所感』を、関根氏は『生命の光』（二一四号、一九五一・八）に寄せている。

（前略）阿蘇に於《お》いて、神の愛、キリストの愛は、生ける神の愛、キリストの霊として強く我々に迫り給うた。聖霊に於いてキリストの愛は、我々につらつら手ざわることのできる程、現実となったのである。

我らは阿蘇に於いて幾度か天より降り注ぐ聖霊の愛にバプテスマせられた。またこの愛は、阿蘇に集った霊の兄弟姉妹たちを、肉の兄弟姉妹以上に近きものとしたのである。人間の愛ではない。神の愛、キリストの愛が、総《すべ》てであった。而《しか》もその愛が五日の間、如何《いか》に物凄く、我々の間に現実となったか。聖霊の神が生ける神なることを、今更の如く、魂の底に抉《えぐ》りつけられて、山を降った。

我々の間に「（手島郁郎）先生」ではなく、一人の預言者、否、「愛の役者《えきしゃ》」が立って総てを担ってくれたことを限りなく神に感謝する。

無教会も遂に前進したのである。否、単に無教会といわず、全キリスト教界が、熊本に始まった、この明るくして、而《しか》も新しい信仰が如何に深く聖書的であるかを、謙虚に悟ってくれたらと切願する。

私は全日本の愛する信仰の友に呼びかけていう。「熊本に始まったこの信仰は本物である」と。

生けるキリストが、今や我らの内に化体《かたい》し、愛するこの国を彼（神）のものと化さん為、我ら一人一人を召し給う。阿蘇はそのような召命の場であった。

そして、手島郁郎宛ての関根氏の書簡（付記）には、

「阿蘇の五日間、夢のように過ぎました。その深い意味を、到底、汲《く》み尽くすことができません。ただ今後の実践を通して、再び新たに学んでゆくほかないと思っています。それにしても、信仰の道の厳しさ——殊に伝道者としての道のきびしさ——を思い、自分の力ではとても歩くことができないことを知り、ただ上を仰ぎ、身を投げ出して前進するほかありません」（『生命の光』二四号所載）

と書かれている。

その一年後、『生命の光』（三五号、一九五二・九）は、巻頭に『ヨハネ伝』のイエスのことばを引いて、手島郁郎の一文を掲げる。

なんぢら聖書に永遠の生命ありと思ひて、之《これ》を査《し》らぶ。されどこの聖書は我につきて証しするものなり。（ヨハネ伝五・三九）

聖書をいくらはたいて調べてみても、それが生命であるわけではない。聖書が証しているものはキリストであり、聖書の背後に立つキリストに出会うのでなければ、無意味である。

然《しか》るに、クリスチャンはキリストに拝謁《はいえつ》すべく招かれているものであり乍《なが》ら、何ら生けるキリストに面接することもなしに、聖書の研究や教理の勉強に幸福を感ずるままに、それにいつまでも年期を入れているものがある。聖書の研究は大切である。神学的論議も必要であろう。だが、研究や論考ばかりに力をいれていたんでは、何時《いつ》になったらキリストの至聖所の内部に入って、キリストにまみえるのであろうか。

聖書はキリストにまみえるためにある。(『十字架の敵』より)

これを読んで、私は、阿蘇での自らの聖霊体験を公にした関根正雄氏は、旧約聖書学の第一人者で、無教会の指導者的立場にあり、うちに重い苦悩があるのではなかろうか、と察した。『生命の光』の同じ号の最終頁に、さらに、手島郁郎の『十字架のキリスト』という一文がある。

関根正雄先生にはこの正月以来、痛ましいほどに、霊的信仰と十字架の信仰との結びつきに苦慮し、苦闘し続けて来られた。しかし、遂に、この二つに介《は》さまるるを止揚《しよう》し、突破して、ただ「十字架のキリスト」の信仰に到達せられ、遂に「私の信仰」と同一となるに至られた。私は信じ、且《か》つ祈っていただけに、その喜びは大きい。

真の「十字架のキリスト」の信仰は、決して頭脳の問題ではなく、大死一番、血のしたたる生命経験のことである。

しかし、次の『生命の光』第三六号（一九五二・一〇、一一合併号）には、意外にも、こんなことばが記されている。

『別の路《みち》』手島生

関根先生には最近、私達の信仰を非難する記事を書くに至られ、甚《はなは》だ私は驚き、また御心を悲しく思いました。御非難が少しも当たっていないのですが、しかし、心ここに至りしは、何かが彼をそうさせていることと思い、凡《すべ》てを聖手《みて》に委ね、瞑目《めいもく》します。（中略）わが国旧約神学の碩学《せきがく》として、天分豊かな先生が、いよいよ良き沃野《よくや》に出で立たれ、今後大成なさるるようにと切に祈ります。

私は口を塵《ちり》につけて黙し、ただ主にある霊の聖徒らと共に、いよいよ幕屋を東に西に張

り続けていこうと思います。(十月十七日)

なにがあったのだろう——。私には不可解である。同じ頁の『小池先生よりの短信』に、こうある。

再び『聖霊の愛』を読み返しつつ、私は泣く。誰がこの様に深く切々と血の文字をしたためてくれたのだろう。手島郁郎ではないか。十字架なくして、キリストなくして、どうして生きていられよう。誰があんな暴言を吐き、無教会はよってたかって、あなたと私を責めるのだろう。……

手島郁郎の原始福音の伝道が進むにつれて、教会、無教会筋からの手島郁郎と幕屋への反発や非難がひろがっていた。とりわけ、異言や癒しは異端のなせる業とする、無教会側からの敵視や中傷の声が激しくなっていたのである。

それに対して、手島郁郎は、自らの決意を『生命の光』(一一四号)誌上に記している。

使命に生きる者の前には、必ず困難が待ち構えているもので、これを回避しては、善き事も完成しない。困難に耐え、障害は突破し克服出来るものだ。障害となるものは障害そのものではなくして、困難事に恐怖することである。

しかし、怖れないことである。信仰とは神の愛に生きることだからである。「怖るる者は愛いまだ全からず」。凡《すべ》ては神知り給う。――

変な誤解や無理解、悪質な中傷や迫害が、私達の身辺に冷酷に漂い出した。彼等は残虐な言葉で非難し、悪罵《あくば》で私達の信仰を傷つけようと毒づく。

私達は十字架と苦難を恐れず、「視《み》よ、今日も、明日も、次の日も、我等は進みゆくべし」と言い給うた主イエスの弟子らしく、悪鬼を逐《お》い出《だ》し、病を癒し、貧しき人に福音を語りつつ、今日も、明日も、前進するのみだ。

我ら進みゆくべし、と不退転の覚悟を鮮明にしている。

**死に狂ふとも愛に仆《たふ》れむ**

うしろより罵《ののし》る声も多けれど
　慕ひより来て泣く友もあり

世の音は耳にひびかず
世のほかの声を聞くべく祈れわが友

手島郁郎は、導きを求める『生命の光』誌の読者がいれば、ひとりでも訪ねていった。遠くは東北、関東、近畿から、中国、四国に至るまで、靴底を減らして歩く。

集会に呼ぶ人たちがあれば、辺境の地も厭《いと》わなかった。四国山脈の山奥、四万十《しまんと》川の源流の村（高知県東津野村）には、営林署のトラックに便乗し、さらに山道をあえぎ登っていった。ガタガタの曲りくねった径《みち》を、借りた自転車にまたがり、ペダルを踏んでゆく。

非難や悪罵の逆風のなかを、退《ひ》くことなく進む。そのエネルギーは、生来の細っこい痩身のどこから、湧いていたのか——。

しかし、超人ではない、市井《しせい》の、生身の人間である。ときに、疲れはて、発熱して悪寒をおぼえ、身を横たえる。悩みも悲しみもかかえ、寂しさに胸しめつけられる。

近畿、中国を巡り歩いて、帰宅した日に記す——。

十月二日（火）　熊本への車中、わが家への足は重かった。埃《ほこり》っぽいわが部屋、それに、この男やもめには一杯うじがわいているし、どうせ帰っても慰めてくれる彼女はいない。いつまでも何処《どこ》か未知の国にこのまま旅し続けたかった。キリストの霊と倶《とも》にある旅、どんなに淋しくとも、私の天国であるから。

しかし、わが部屋は掃き清められてあった。やはり帰って来てよかった。またなつかしげに待っていてくれた教友の顔を見て、慰められた。

手島郁郎は終生の信仰の友であり、理解者であった東大教授・小池辰雄氏としばしば手紙を交わしている。小池氏は手島郁郎の書簡をすべて保管していた。それが手島郁郎の赤裸々な胸中を語る貴重な記録となって、現在、キリスト聖書塾にコピーが収蔵されている。

その書簡を読んで、手島寛郎氏が、映像取材（聞き手・長原眞氏）で当時の父を語る。

その前の年（一九五〇年）あたりから、父の伝道というものが、無教会のなか、あるいは教会のひとにとっても、注目され出して、あっちからこっちから、来てくれ、ということになって。で、行ったら、霊的なものに対する拒否感というものが人間にはありますから、あれはなんだ、といって叩かれることが多いんですけどね。

それが、だんだん自分としても、確証をもつようになったんじゃないでしょうか。

（福岡の聖書講義の案内にも）受講者には異言の受霊を執《と》り成《な》したく存じます、とあります。はっきり、聖書講義じゃない、そういう聖霊の注入を受けることが大事なんだということを思い始めた。それをさらにひろげてゆこうと……。

小池先生への手紙（四九年九月）にも、「異言学序説」という、異言について研究することを私の一生の仕事にしようと思っています、と。前の年から、こういうものがあると確証をもっていたんでしょうね。小池先生にしか、そういうことはわかってもらえない。小池先生にしか、言いようがなかったでしょうね。

——小池先生には、いろいろ、家庭の事情なども……？

この手紙を読んで驚いたことには、まず、父がからだが悪い、と。精神的に疲労するというのはわかるんですが、からだが悪くて仕方がない、となんどもなんども、書いているんですね。もう起き上がれないとか、ペンを持つ気力もないとかね。肉体的にも相当消耗が激しかったようです。

でも、なおやっぱり、そのあと伝道に行ったと書いているんですね。ですから、精神的な苦痛だけでなく、肉体的苦痛がありながら伝道をつづけた。

もうひとつ、こんど、小池先生宛ての手紙を読んで、はっとしたのは、五二年までの手紙のなかに二回も、家庭が整っていないことに対する痛みが、自分の伝道の妨げになると。

――家庭が整っていない？

母（照世）が亡くなる前から、裏の部屋でずーっと寝たっきりでしたから、うちのなかは放っぽらかしに近かったんですね。松永すみ子さんがいてくださったといっても、まだ若いお手伝いさんですから、そんなになにもかも面倒をみるわけじゃないでしょう。育ち盛りの子どもが三人いてね。

ぼくらは階下《した》の、いま茶の間になっているところに寝起きしていて、雨漏りがひどくって（笑い）、最後には畳から茸《きのこ》が生えてきたんで、笑いごとで言ったんですけど、父にしてみれば、伝道、伝道といいながら、子どもたちがそうやって、ある意味で悲惨な生活を強いられている。もしも、伝道なんかしてなきゃね、自分だって事業家としてやっていけるんだから、こんなことを家族にさせることはなかったろう、と自分のなかに、生身の人間としての問題を抱えながら、それでもなお、こつこつ、こつこつ、なにもないところから伝道を始めるわけですから、なにか座して待っているんではなくて、自分から出かけていって、また、呼ばれていって、叩かれてくたびれて……、という伝道を四九年からずーっとつづけてた。

熊本・辛島町から遠くない白川《しらかわ》の川べりを、黄昏《たそがれ》に、ひとり歌を口ずさみつつゆく、着流しの痩身の男の孤影が、なぜともなく、私の脳裏には浮かぶ。

まぼろしの
影を慕いて　雨に日に
月にやるせぬ　我が想い
つつめば燃ゆる　胸の火に
身は焦がれつつ　しのび泣く

キリストを慕い、殉じる想いを重ねる愛唱歌、『影を慕いて』――。

君故《ゆえ》に
永き人生《ひとよ》を　霜枯れて
永遠《とわ》に春見ぬ　わが運命《さだめ》
永らうべきか　空蝉《うつせみ》の
儚《はかな》き影よ　我が恋よ

手島寛郎氏は回顧する。

「父は、自分は出来の悪い、やくざな人間だって、申しておりました。そんな自分を救い、愛しつづけてくださったキリストの御愛、それに対する殉愛というもの、これこそが、父の伝道の生涯を支えつづけたんだと思います。

それで、たとえ世間の人の目には、霜枯れて花咲く春を迎えることもないような人生であってもいいんだ、とよくこの歌を歌っていました」（伝記映像『手島郁郎の記録　幕屋の夜明け』）

手島郁郎は、キリストの贖《あがな》いの愛に殉じる覚悟である。殉愛の決意を詠《よ》む。

恋ひ死なむ　後を思はで生き狂ひ
　死に狂ふとも愛に仆《たふ》れむ

伝道の苦難の道は、手島郁郎の前にさらに険しく、遥《はる》けくつづく。わがいのちを燃やして尽くして、天に召される日まで。

# 日本よ、永遠なれ

手島郁郎が熊本商業学校の生徒だったころ、熊本の曹洞《そうとう》宗報恩寺で出家得度《とくど》した、自由律俳句の代表的俳人、種田山頭火《たねださんとうか》（一八八二〜一九四〇）は、放浪の旅に出た。

分け入っても分け入っても青い山　　山頭火

私は、幾度か、この句をつぶやいた。手島郁郎の霊的信仰の深まりと原始福音の伝道の軌跡をたどって、ようやく峠をひとつ越えると、さらに奥なる山がある。私にとっては、まさに、分け入っても分け入っても青い山。深山《みやま》の山脈《やまなみ》が涯《はて》しなくつづくのである。

また、手島郁郎の人間味、感情の起伏もまた、山襞《やまひだ》のように深い。

すべては、愛より出ているが、しばしば、怒り、悲しみ、ともに喜び、ともに泣く。あるときは、烈火のように叱り、熱く抱擁して涙する。霊的境地の深まりとともに、その烈《はげ》しさも増した。なかには、厳しい叱正《しっせい》に躓《つまず》き、あるいは、その霊的信仰のあまりの深さについてゆけず、離れていったひともあったであろう。

手島郁郎の導きのもと、聖霊体験し、回心した数多くのひとびとには、それぞれに、奇しき人生大転換のドラマがある。悩み、苦しみから救われ、あるいは、病が癒《いや》されて立ち上がり、小躍りするように歓喜して、神の愛に涙したひとびとがいる。天の父なる神を呼び求める、その祈りの熱さ、烈しさ。そして、その日常の表情の明るさ――。

信仰によって、私たちは、現在救われることが必要である、と手島郁郎は力をこめて説く。

「過去に非《あら》ず、未来に非ず、烈しい、燃えるような熱い現在の意識。私は生きている。生きている。神様、生きているといって、神に動かされて生きている。

私たちは現在救われることが必要なんです。現在、神のなかを生きる信仰を築くことが大事なんです」

のちに、阿蘇・地獄高原でひらいた幕屋ペンテコステ十五周年記念聖会で語ったことばである。

人間手島郁郎とその信仰について、私は今、ここに著わしきれない。

本書は、手島郁郎の独立伝道の草創期、幕屋の夜明けの時代の一端を記述したにとどまるが、ここで、ひとまずこの巻を閉じたい。

手島郁郎の伝道は、さまざまな試練を越えて、さらにつづく。

原始福音の伝道を嗣ぐ者として、若き弟子たちを育てることに力を尽くした。晩年の七三年、伝道に出ていく弟子たちに、伝道する者の心得として、手島郁郎が書きおくったものが、「我らの信条」として、遺《のこ》されている。

ことし（二〇〇八年）、手島郁郎創刊の信仰誌『生命の光』は、折から、創刊六十周年を迎える。毎号、巻末に掲げている「我らの信条」に、手島郁郎と幕屋の信仰のありようが、次のように宣明されている。

・我らは、日本の精神的荒廃を嘆き、大和魂の振起《しんき》を願う。
・我らは、日本人の心に宗教の復興を願い、原始福音の再興を祈る。
・我らは、無教会主義に立つ。従っていかなる教会・教派にも属せず、作らず、ただ旧新約聖書に学ぶものである。
・我らは、キリスト教の純化を願うが、日本の他の諸宗教を愛し、祖師たちの人格を崇《すう》敬《けい》するものである。
・我らは、政党・政派を超越して、愛と善意と平和をもって、日本社会の聖化を期し、社会正義と人間愛を宣揚《せんよう》するものである。

キリストは言いたもう、

〝すべて労する者、重荷を負う者、われに来たれ、われ汝《なんじ》らを休ません〟

私は、「日本の他の諸宗教を愛し、祖師たちの人格を崇敬するものである」という点に注目する。わが国古来の神道、仏教に対して、理解し、敬意が払われているからである。

キリスト教であれ、なんであれ、日本民族の霊性を重んじない宗教は、日本人の魂に深く真に根づくはずもない。

手島郁郎は言う、「私はやがて日本を去り、死んでゆくであろうが、最愛の日本よ、永遠なれ！　日本を愛せずに、どうして日本伝道ができようか」と。

その心根に、神道、仏教の社寺の側も応えた。

原始福音を世に問う「キリストの幕屋」の旗揚げとなる、「全日本超教派リバイバル聖会」を、一九五九年、日本仏教の母山、比叡山・延暦寺（天台宗総本山）の宿院でひらく。キリスト教史上、異例のこの集会に、全国から各界、各派の三百四十名が集い、劇的なリバイバルが現出するが、一方で激しい宗教論争を巻き起こした。

反発、非難もひろがるなか、手島郁郎と幕屋は、関西へ、やがては関東へ、と伝道の足場をひろげていく。

六一年、手島郁郎は、初めてイスラエルへ、聖地巡礼の旅に出た。日本民族の魂による聖書の読み直しを求めて、のちに、聖地巡礼団、イスラエル留学生を送りつづける。

日本古来の霊地での伝道集会は、さらにつづく。六一年、修験道《しゅげんどう》の霊山、吉野山の宿坊、竹林院で、六六年に日蓮上人《にちれんしょうにん》開山の身延《みのぶ》山の宿坊、清水坊の本堂で、六七年には神道の聖地、伊勢の神宮会館で、幕屋の聖会をひらく。

真言密教の霊地、高野山で、六三年にひらいた「高野山聖会」には、アメリカから世界的な神学者・聖書学者であるオットー・ピーパー博士（プリンストン神学大学教授）が、講師として参加した。聖霊の注ぎを受ける祈りの場に臨んで、ピーパー博士は、

「貴下（テシマ）のごとき人物の出現を待つこと久しい。私は、まさに二千年前の新約聖書の一ページを現に見るような感動を受けた」

と語った。

また、西ドイツからドキュメンタリー撮影のために訪れた、ペーター・シュミット博士は、

「西欧キリスト教が見失っている霊的生命が、マクヤにたぎっている」

とヨーロッパに伝える。

手島郁郎は六五年、ワシントンＤＣで開かれた「全米フル・ゴスペル聖会」に招かれ、「生

けるキリスト」について英語でスピーチし、証しした。

オットー・ピーパー博士はこう述べた。

「このひとの名をアメリカ人はほとんど知らない。

しかし、私は変えられてしまった。

もし、このひとの思想とこのグループの信仰や生き方が世界に紹介されたら、大反響を巻き起こす日が来るに違いない」


キリストの火を享《う》けた手島郁郎は、原始福音の伝道にいのちを燃やし尽くして、一九七三年の奇しくもクリスマスの日、曙光が射し初《そ》め、暁天の星々が光をなくすとき、天に召された。享年六十三歳。

それから、三十五年——。「キリストの幕屋」は、手島郁郎召天後も、全国に、そして海外へとひろがっている。とはいえ、手島郁郎とその伝道の働きは、アメリカ人に知られていないどころか、日本人の多くが知らないのではないか。あまりにも知られていないように、私には思われてならない。

東に内村鑑三あれば、のちに、西に手島郁郎あり。さらに、霊的信仰を進めて——。新約聖書そのままを信じ、生けるキリストの愛と救いを現実に証しした、二十世紀のキリストの使徒。そして、『使徒行伝』さながらの奇しき事跡——。

私は、それを書きつづりながら、半ばで筆が止まり、書けなくなったときがある。砕けた気持ちを奮い起こしたのは、ただ、世に書き伝えなければならない、というささやかな一念からであった。

聖なるシナイ山で心のうちに聞こえてきた、汝、書くべし、という声が、いまも、遥かに木霊《こだま》している。

# あとがき　ガリラヤ湖の明けの星

天と地と／ガリラヤ湖の朝（イスラエル）

二〇〇六年二月二十二日、未明。初のイスラエルの旅の一日目の夜明けを、私はガリラヤ湖の西岸、ティベリアで迎える。

ガリラヤ地方は、ナザレのイエスが、初めに福音を宣《の》べつたえた地である。新約聖書は、この地で、この湖で、イエスが徴《しるし》を示した、いくつもの奇しき事跡を記している。湖の東、ゴラン高原の彼方から昇る朝日。金色に耀《かがや》きだす湖面――。その一刻の神秘的な景観を、わが目に焼きつけておきたいと思う。夜明けを待たずに、私はホテルのテラスへ出た。

東の空はようやく白み、湖はまだ、夜の色におおわれて昏《くら》い。暁天《ぎょうてん》の星々は消え、東南東の空に、星がただひとつ。きわだって鮮やかな、その耀きが目にとびこんできた。

（ああ、明けの明星……！）

思わず、私は星に向かって合掌《がっしょう》していた。小さな、小さなその一条の光に、心の奥までとどくなにかを感じたのだろう。

清らかな星の瞬きに見入る。と、自ずと口をついて出たことば――。

「主よ、主よ、主よ。イエス様！」

同時に、胸が火がついたように熱くなり、なぜか、ありがたい、と思うとともに涙が湧いた。思わぬことである。イエス様、というような言い方はしない私である。こんなことばが飛び出して、われながら驚く。

不思議であった。わけがわからず、私のうちにひそかな謎となって残る。

このことを、私はのちに、伝道者の神藤燿《じんどうあきら》氏に話す。神藤氏は新約聖書をひらいて、微笑みながら、聖句のひとつを黙って指さした。そこに、キリスト・イエスのことばがあった。

わたしは、ダビデの若枝《わかえだ》また子孫であり、輝く明けの明星である。

（ヨハネの黙示録二二・一六）

あ、と思う。私はあらためてこの聖句にふれて直感した。ガリラヤ湖の明けの星の瞬きに、神のまなざしのようななにかを、私は心のうちに感じたのだと――。

前年の〇五年九月、長編の伝記映像『手島郁郎の記録　幕屋の夜明け』が完成した。

この映像ドキュメントは、いってみれば、オリンピックの聖火の採火式で陽光を集めて火をともす、凹面《おうめん》反射鏡のような役割のものである。これが正しく歪《ゆが》みなく、曇りなくできているならば、必ずや、観る人々のうちに、天よりの光を収束するだろう。

光が火をともす。火は風を呼ぶ。風が火をひろげていく。

もっとも、この火と風は、目には見えなくても、なんらかの動きとなって顕《あら》われる。感動が感動を呼び、感動でひとは動く。それは先年、映画『月光の夏』の製作、上映を通して、私は身をもって知ったことである。

『手島郁郎の記録　幕屋の夜明け』(作曲・横山菁児、ナレーション・加藤剛、一二〇分)の上映は、シアター・システムの広い会場で行ない、満員の観客が客席を埋めるその場に、観客の胸のうちに、熱いものをともした、と私は感じた。

この映像ドキュメントの制作を通して、私が手島郁郎の教えにふれて感じたのは、私自身、聖書の読み直しが必要であるということである。キリスト・イエスがこの地上にあって説いた原始福音を、日本人の魂で、じかに心のうちに聴くこと。イエスゆかりの聖地に身を置けば、私はなにを感じるだろう。

新約聖書の原点の地に立つ。イスラエルという、ユダヤの国も知りたい。そのための私のイスラエルへの旅は、聖地巡礼ではなく、いってみれば取材の旅であった。

しかし、その旅の初め、ガリラヤ湖畔の夜明けに、私は明けの明星を仰いで、われ知らず、イエスの御名《みな》を呼んだのだった。

イスラエルで聖地のいくつかを訪れる。

エルサレムの、イエスが十字架の死の前夜に祈ったゲッセマネの園で、あるいは、エルサレム神殿の「西の壁」（嘆きの壁）で、泣きつつ祈る人々――。そのような祈りは、私にはできなかった。

しかし、聖地の気に浴する。復活したイエスの昇天の地、オリーブ山上で私はひとり、しばし、天を仰ぐ。どこまでも高く澄みわたる天に、光は満ちていた。


本書で、私は、手島郁郎のイスラエルへの深い理解、ユダヤ人哲学者との交流などを書くには至っていないが、手島郁郎は「聖書の国」イスラエルとその国民、その歴史を愛した。ユダヤの千九百年にわたる民族流浪を経て、一九四八年に達成されたユダヤの国、イスラエルの再建を、聖書に記された神の預言の成就と讃《たた》えた。

一九六一年、手島郁郎は、聖地巡礼で初めてイスラエルを訪れる。当時、まだヨルダンの支配下にあったエルサレムに入り、「西の壁」で涙して祈り、神に感謝する。

私はエルサレム新市街にあるユダヤ機関「ユダヤ国民基金」を訪ね、特に許可を得て、収蔵されている『黄金の書《ゴールデン・ブック》』をひらいて見た。イスラエルのために貢献した人物の名を記録するこの書に、手島郁郎の名が二度、書き刻まれている。

一度目は一九六七年、イスラエルが国の存亡をかけて周辺アラブ諸国と戦った第三次中東戦争「六日戦争」に際して。手島郁郎は戦争勃発を予期してイスラエル救援委員会を組織し、強く支援した。

『黄金の書』に、No.5846 PROF. A. IKURO TESHIMA 4.10.67 ——プロフェッサー・テシマ、とある。

二度目は、手島郁郎の召天（一九七三・一二・二五）を記念して——。そこには、「ユダヤ民族とイスラエル国家の真の愛する友」と記されている。

七三年秋、第四次中東戦争のオイル・ショックのとき、日本政府はアラブ諸国の原油確保のためにイスラエルを見捨てて親アラブの政策に踏み切った。

そのとき、絶対安静の病床にあった手島郁郎は、主治医の「動けば死にますよ」という忠告にもかかわらず、重症の身を奮い起こして、十二月二日、イスラエルのための平和行進の先頭に立つ。

恋ひ死なむ　後を思はで生き狂ひ
死に狂ふとも愛に仆《たふ》れむ

まさに、愛のために、「死に狂ふとも愛に仆れむ」の壮烈さであった。

手島郁郎は、寒風すさぶ東京の街で、「イスラエルを世界の孤児にするな」と訴える。それはメディアによって世界に発信された。

そして、その三週間後のクリスマスの暁に、手島郁郎は愛に斃《たお》れ、天に召されたのだった。

＊

イスラエルからの帰途、私はギリシアに立ち寄る。

首都のアテネは、古代ギリシア文明の開花した地である。新約聖書『使徒行伝』の伝える、使徒パウロが初めて訪れたアテネの街は、壮大にして華麗な神殿があり、ギリシア神話の美しい女神や半身半獣の神などさまざまな神の像がある、異教の都であった。

パルテノン神殿などの聖域とされるアクロポリスの丘の西に、低い岩山のアレオパゴスの丘がある。南に接する広場は人々が議論や情報を交わす評議所だった。

この地で、パウロはイエス・キリストの復活と福音を異邦人に宣べつたえる。異教徒たちの好奇の目と嘲笑のなかで――。

私は、アレオパゴスの巨《おお》きな岩の丘に登った。折から、強い横風が吹きつけて、頂に立っているのも危うく、身をかがめた。

この風（ハムシーン）は、アフリカのサハラ砂漠の砂塵《さじん》をまいて、地中海を吹き渡ってきたものである、という。

（ああ、風……！）

風が私の胸のうちに吹き込んできた。風は、ギリシア語で、プニューマ。プニューマは息、霊（聖なる霊）を意味する、と読んだことがある。

風を身に受けながら、不思議に思えてきた。

パウロがこの巌頭《がんとう》に立って、異邦人たちに説いたことばを思い起こす。

　人々が熱心に追い求めて捜《さが》しさえすれば、神を見いだせるようにして下さった。事実、神はわれわれひとりびとりから遠く離れておいでになるのではない。われわれは神のうちに生き、動き、存在しているからである。

（使徒行伝一七・二七〜二八）

たしかに、われわれは神のうちに生き、動き、存在している、と私は思う。

――私たちは生きている。神に動かされて生きている。現在、救われることが必要だ。現在、神のなかを生きる信仰を築くことだ。そう説いたのは、手島郁郎である。（記念講演・一九六五、阿蘇・地獄高原にて）

＊

私は帰国した翌月（〇六年三月）、伝記映像の上映で熊本を訪れた。たまたま、誘ってくれるひとがあって、阿蘇へ向かい、おかまど山の麓に立つ。そこで、予期せぬことが起きた。

地獄高原から、おかまど山の頂を仰いでいると、山の嶺《みね》の向こうから、うっすらと黒い煙が立ちのぼった。煙は見る間に濃くなってひろがり、ほどなく、山の稜線に、一点、火がともった。

（火……！）

ああ、野火だ、と気づく。

雄大な火の山、阿蘇の野山を燃やす「阿蘇の野焼き」は、よく知られている。前年、阿蘇で『手島郁郎の記録』を撮影するに当たって、私はその火を撮りたい、と思った。しかし、野焼きはその日、そのときの天候、特に微妙な風向き、風速によって、その作業の場所と実施するかどうかが決まる。また、野焼きに欠かせぬ人手の多くを、ボランティアの協力によっている現状では、風向き次第でとっさに野焼きを始めるというわけにもいかないのである。東京を本拠とする撮影班では、現地に長期間滞在して待つわけにもゆかず、撮ることは諦めざるをえなかった。

そんな思いの残る、阿蘇の野焼きの火が、それもおかまど山に、私の見ている目の前で、炎を上げ始めたのである。火はこちら側の山肌にも、あちこちに点じられた。枯れススキや茅《かや》が、音を立てて燃え上がる。バチバチバチ、と凄《すさ》まじいばかりの熱気をはらむ音が一帯を圧する。

火は風を呼ぶ。火は風にあおられ、炎が山肌をなめるように燃えひろがってゆく。

(おかまど山、燃ゆ!)

火は全山を燃やし、山肌を黒く焦がす。

私は後退《あとずさ》りし、立ちのぼる煙を目で追って、天を仰いだ。

阿蘇の中天へ立ちのぼる煙は、私には、なにかしら、巨《おお》きな狼煙《のろし》のように思えた。

もし、狼煙であるならば、どんな意味をもつのか、なにを告げるものなのか——。それはまだわからない。

おかまど山の燃える火を目の当たりにした私は、しばらく思いをめぐらした。星と、風と、火と……。それらに、なにかしら、奇しきものを感じて、私は心に決めた、旧約聖書の聖地、シナイ山へ行こう、と。預言者モーセが、山中で柴《しば》の燃える火のなかに、神の声を聞き、のちに、十戒を授かった山である。

二〇〇六年六月、再び、私はイスラエルへ行く。

南部の炎熱のネゲヴ砂漠や死海のほとりをたどり、イスラエル南端の紅海にのぞむ港町、エイラットからエジプトに入る計画だった。

しかし、エジプト側の入国許可が下りなかった。察するに、エジプト当局は、私たちの身の安全が保障できないと判断したのか。シナイ半島では、アルカイダ系のテロリストによる外国人を狙った爆弾テロが相次いでいたのである。

あらためて、九月末、カイロからエジプトに入った私は、シナイ山へ向かうことができた。そして、シナイ山で、奇しき雲――神の臨在の徴《しるし》を仰ぎ見ることになるのである。

シナイ山で顕現した、まさに雲の冠、雲の柱、火の柱――。そう感じたことは、すでに、本書の冒頭、「はしがき」に記したとおりである。

それは、私には、まさに奇跡ともいうべき、幸いなことであった。そう、私は考えていた。しかし、——。

それが、神の恩寵である、と私が感じるのは、後日、私が本書を書き進めるさなか、思わぬ不幸に直面したときである。

＊

ここに至るまで、これを書くべきか、どうか、私は逡巡《しゅんじゅん》してきた。私のうちなること、私事に関わることだからである。

しかし、私は「はしがき」に書いていた。私のうちなる心の動きも正直に吐露して、虚飾なく、ノンフィクションをつづろう、と。第一章「いのちの危機に」の冒頭に、なぜ、私はこんなことを書いたのだろう。

「ひとは、いつか、いのちの危機に直面する。絶望の淵《ふち》に立たされるときがある。救いを求めて、そのとき、頼るべきなにがあるだろう」

そして、あなたは——？　と私は問いかけている。その問いは、私に返ってきた。

（汝、書くべし）

あの天よりの声と感じたものは、これもさしてのことだったのか——。書くには心の痛苦を伴うが、私事ながら書き明かさなければならないと思う。

昨年夏、私は、本書を書き始めた。これまでになく、困難な作業である。折あしく、マンション建設の近隣騒音がつづくなど、悪条件のなかで、遅々たる歩みながら、私は一章、二章と書き進めた。

そのとき、いや、その前から、身内に不幸が兆していたことを、私はまったく気づかずにいた。

九月、隣に住んでいた長女・美佐が、四十歳の誕生日を迎えた翌日、T病院に入院した。貧血のために、かねて、かかりつけの医院などで診てもらっていたが、なかなか治らなかった。背中が痛い、と言い出したとき、私は悪い予感のようなものに襲われた。すぐに、T病院で診察を受けるようにした。その結果、急遽《きゅうきょ》、検査入院となったのである。

この病院は、拙著『地獄の虹』の主人公、新垣三郎牧師の属する、プロテスタントの教団系の病院である。また、『地獄の虹』の姉妹編『虹の絆　ハワイ日系人　母の記録』のヒロイン、ミセス・キクエ・フジモトの三男、ドクター・エドワード・フジモトが、かつて勤務していた。私は幾度かこの病院を取材で訪れていた。

入院して一週間で、娘は胃がんと診断された。早期発見が難しく進行の早いスキルス性で、ステージⅢ、あるいはⅣ。すでに末期に近いという。娘は、面《おもて》は冷静に見えた。

（迂闊《うかつ》だった、抜かった……）

内科のSドクターの説明を聞きながら、私は自責の念が先に立った。娘の幼時から、私は仕事にかまけてきた。いつか、キリストの愛について話そう、と思いつつ、それをまだせずにいた。それが悔恨となって自責の思いにかられたのだった。キリストの愛と救いを記した『地獄の虹』と『虹の絆』を、せめても娘が読んでくれていたのが救いだった。

私は新約聖書を娘に贈り、一緒に神に祈ろう、と話した。娘は聖書を捧げ持ち、額をつけて瞑目した。さらに私は、シナイ山で撮影した「山上の雲」の写真を病室に飾り、青い空と白い雲をおりおりに眺めるようにすすめた。聖書で、雲は神の臨在を象徴している、と言い添えて——。

私は、ただただ、娘が癒されることをねがって、神に祈った。私が拠《よ》り頼むのは、キリスト・イエスである。

末期に近いスキルス性胃がんとわかりつつ、手術をするかどうかは、選択の分かれるところである。私たちは、胃の全摘出の手術を受けることを選んだ。

手術はNドクターの執刀で、祈りをもって始められ、讃美歌の流れるなかで行なわれた、と病院の女性チャプレンのＮ牧師に聞く。胃の全摘は成功したが、ステージⅣ（末期）で、転移したリンパのすべては切除できなかった。

やがて、娘は退院し、家に戻った。できるだけ食べてからだを動かし、体力をつけて、腎機能が回復したら、一日も早く抗がん剤治療を始めることが求められていた。

この十日ばかりの間、娘は親しいひとたちと会って語らい、コンサートにも出かけて好きな音楽を愉《たの》しんだ。

しかし、強い吐き気が襲ってくるようになった。薬でも止まらない。私は娘の背中をさすり、背に手を按《お》いて祈った。懸命に祈った。祈りが思わず声に出た。

「主よ、吐き気を止めてください！」

とたんに、吐き気が止まった。ひとは信じないかもしれない。私が一瞬、信じられなかった。しかし、すぐに、生けるキリストの臨在、救い――、というように私は感じ、感謝の念が胸にあふれた。実は、その前に、私は自室でひとり祈り、瞑想していて、娘と私と妻を包む、聖《きよ》らかな白い気をありありと感じていた。

吐き気がおさまったのは、しばらくの間だった。やがて、娘は吐き気と痛みに襲われるようになり、やむなく再入院した。

腎機能が回復せず、抗がん剤治療を始めることはできなかった。死が訪れるのを待つほかにないような絶望的な事態となった。

　このような困憊《こんぱい》した情況のなかで、私は本書の原稿を書き進めた。

　第十章で述べた、手島郁郎の最初の著書『聖霊の愛』について、もっとも痛切に私の衷《うち》に入ってきたことばは、

「私たちは人生の挫折や苦悩を通して、病気や、貧窮や、逆境に心砕かれて、主の血の輸血を受ける機会となる。神は人の傷口から、その愛の血を注ぎ給うからである。神の愛は恩恵の注入によってのみ、その人に来る」

　その心砕かれて、という一節である、と書いたのは、こんな事態にあってのことである。


　娘は、がんと診断されたとき、理不尽だと思うなぁ、とつぶやいたことがあった。この冷酷な現実を受け容れ難かったはずである。しかし、私にも母親にも、最後まで一度も涙を見せなかった。泣きごとも言わなかった。親を苦しませまいとする気づかいが、私にはいとおしく、切なかった。

　そんななか、『生命の光』十一月号（〇七年）がとどく。私のシナイ山の取材記録と写真が掲載されていた。

私は、シナイ山の「山上の雲」の写真を娘に示し、私はこの雲を目の当たりにして神の臨在を確信したこと、それを今は恩寵《おんちょう》と感じるようになった、この場にも神の臨在と救いを感じる、と話した。

「キリストは生きて在《いま》し、今もひとを救うために働いておられる」

と手島郁郎は説いて現実に証しし、パウロは、

「神は遠く離れておいでになるのではない。われわれが神のうちに生き、動き、存在している」

とアテネのアレオパゴスの丘で説いた。私自身、その丘に立って、それを感じた。そんなことも話した。

娘は日々に体力をなくして、枕辺の聖書もほとんど読めなかった。折から、『生命の光』十一月号の手島郁郎の聖書講話は、「この最後の者にも」――神から賜る恵みとは――と題して語られていた。マタイ伝（二〇章）のぶどう園の譬《たと》え話から、

このように、あとの者は先になり、先の者はあとになるであろう。（一六節）

というイエスの教えを説く。後からきた者も先に救われる、信仰の日浅き者も救われ

る、このありがたさを私は娘に話した。娘はうなずくようにして、ただ聞いていた。

娘が吐き気と痛みに苦しむとき、私は、思わず、娘の額に手を按《お》いて祈った。病を癒してください、と祈るのではなく、身も心も安らがせてください、と平安を希《こいねが》うのみ。

十二月初めのある夕暮れ、三階の病室の窓越しに、西の空を眺めて娘が言った。

「あ、虹……」

見ると、虹のアーチはなく、夕日の射す雲間がほのかに虹色に映えていた。

「ああ、虹だね……」

私はうなずく。虹は、拙著『地獄の虹』のキーワードであった。旧約聖書『創世記』が記す、大洪水のあとにノアが聞いた神の声。


わたしは雲の中に、虹を置く。これがわたしと地との間の契約のしるしとなる。

(創世記九・一三)


あなたがたを滅ぼすことはない、約束しよう、約束のしるしに、わたしは雲間に虹を置く、と——。娘は神の虹を見た、と私は思った。たとえ、地獄のような苦境にあっても、ひとはどこかに、虹を、希望の光を見いだすことができる、と私は考える。

残照の光のなかで、娘は眠った。わが子の寝顔をこんなにも美しく感じたことがない。苦しみが洗われて、安らかで端然としていて、神々《こうごう》しくさえ見えた。

（ああ、平安を与えられた……）

（感謝……。神、ここに在《いま》す）

私は確信した。そして、死期が近い、とさとった。

その三日後、娘は自ら望んでホスピス（緩和ケア病棟）に移った。ターミナル・ケアとして高度の疼痛緩和のコントロールがなされる。モルヒネ系の痛み止めが大量に投与されると、ついには意識が混濁するときがくるという。

ホスピスに入ったこの日、十二月七日の夜、娘は心臓の働きが急速に弱まった。チャプレンのN牧師に、お祈りをしてもよろしいですか、と問われて、私はおねがいをした。

女性牧師は聖書を読んで祈り、静かにギターをつまびきながら、讃美歌を歌われた。

娘は目を閉じて聴いていた。まえに、讃美歌を聴いていて涙が出た、ともらしたことがある。二曲目が終わったとき、娘は、もういいのです、と言った。意識が混濁するまぎわと感じとったのか。

目をあけて、はっきりとしたことばで、落ち着いて話した。

「みんな、悲しまないで」

わずかに上を仰ぐ。

「ああ、すべてがありがたい……。

ありがとう。ありがとう。ありがとう……。

おやすみなさい」

娘は瞑目し、眠りについた。私は娘の額に手を按いて、平安を祈った。妻は娘の手を握って祈った。娘は苦しまずに、静かに息をひきとった。

娘は独身でケーキづくりのパティシエの夢を追っていた。その夢半ば、なお夢みつつの最期であった。フランス・キブロンの世界的パティシエ、ムッシュー・アンリ・ルルーから、自筆で花を描いた追悼のメッセージ・カードをいただく。

「ミサさんに、心をこめて、この一輪の花を捧げます」

微笑む娘の遺影に、私はカードを供えた。

取り返しのつかない喪失感はぬぐえないが、娘は佳《よ》き平安を神に恵まれ、救われて天に召された、と私は信じ、妻もそう信じている。娘の聖書を、日々、妻が読み継ぐ。

主イエスを信ぜよ、然《さ》らば汝も汝の家族も救はれん。(使徒行伝一六・三一)

＊

わが娘のことを、徒《いたずら》にながく書いてしまった、と思う。

私は本書を書くに当たって、吉村騏一郎著『わが師　手島郁郎』（第一巻）とともに、土田能裕著『わが師　手島郁郎』（第二巻／第三巻、キリスト聖書塾刊）に多くを教えられ、引用させていただいた。伝道者の土田能裕氏（熊本）に電話して取材した折、つい、娘の死について話したことがある。

土田氏は、内村鑑三が、娘ルツ子の死（享年・数え年十九歳）で打撃を受けるが、それによって信仰を強められたことを、二冊の書を示して話された。それが励ましとなって、私は心砕かれつつも、娘の死を書きつづった。

愛する者の死によって、信仰が深められる、ということは、私は理解できる。

本書の第十一章に、「犠牲《いけにえ》、天に召されて」の項で、手島郁郎の信仰は、照世夫人の避けられぬ死によって、さらなる霊的な高まりをみせた、と記した。手島郁郎は「エゼキエルの妻の死」の講義を通して、自らの心境を語った。

預言者エゼキエルもまたそうであった。

私は伝記映像『手島郁郎の記録　幕屋の夜明け』を創り、また本書を書くことを通して、私自身が深められ、わが娘の死を礎のごとくして、信仰を堅められたと思う。それがあって、私は本書を書き継ぎ、いま、ようやく筆を擱《お》くことができる。

天の大いなる計らいに感謝して――。

『手島郁郎の記録　幕屋の夜明け』の制作と本書の執筆に当たって、私は誤りなきを期した。間違いがあったら正してください、と常に天の手島師に叱正《しっせい》をねがってきた。しかし、叱正の声は聞こえてこなかった。ただ一度だけ、伝記映像の編集中、ある日の深夜、手島師の声を聞いたと思った一瞬があった。笑みをふくんだ声だった。

「きみね、きみ書くのはぼくのことじゃありませんよ」

書くべきは、キリスト――。そう言われたと私は感じた。

しかし、私は、キリストは書けない。せめても、私に書けるのは、手島郁郎の人間記録である。この現代の使徒をえがくことで、それを通して、キリストの愛、キリストの救いを、読むひとに感じ取っていただくほかにない。

＊

国連のＷＨＯ（世界保健機関）は、「健康の定義」を定めている。肉体的に病気がなく痛みもない福祉の状態にあり、精神的にも、社会的にも健やかである、と規定してきた。

しかし、二十世紀も終わり近くになって、「Spirituality」（スピリチュアリティー、霊性と訳すべきか）を、健康の定義のひとつに定めるべきだ、とする考えが出てきた。

人間は健康であるためには、肉体的、精神的、社会的に健やかであるうえに、霊的存在として健やかでなければならない、という、もっともな考えである。

一九九八年、ＷＨＯの執行理事会は、スピリチュアリティーを健康の定義に加えることを決定した。しかし、世界保健総会は、スピリチュアリティーを加える新たな健康の定義を採択しなかった。反対する国があったからである。日本も時期尚早として反対した。新たな健康の定義は、保留されたまま、経過している。

しかし、霊的に健やかに幸せであることが、人間が人間らしく生きていくうえで欠かせない、と提起されたのである。

それは、二十一世紀の人類的テーマとなっている。

今から四十年ほど前、私は、月刊誌に発表される国内外のレポートや論文などを読む役割を負っていた。そのなかで、外国人のだれだったか、心にとまった未来予測のことばがある。

「二十一世紀は宗教の世紀である」

二十一世紀は宗教が興隆する世紀か、と考えたが、現実はさにあらず。人間が健やかに生きるために、真の宗教が必須となる世紀である、という意味だったのか、といま思い当たる。


現今の親殺し子殺し、行きずりの不条理な無差別殺人、オウム事件などテロによる大量殺人など、精神世界の歪みは深い。かたや、近年の自殺の増加から、昨今のスピリチュアル・ブームの一部に潜む危険性、また、社会を動かす中枢にあるエリートの汚職など神を畏《おそ》れぬモラル・ハザード（モラルの危機）まで、精神世界に闇をひろげている。

「霊的飢饉《ききん》の時代がやってくる。飢え渇く霊魂に神のことばを告げるように」

手島郁郎が神の黙示を受けたのは、一九四七年のことである。精神世界に闇がひろがるいま、霊的飢饉の徴候が深まっているように、私には思われてならない。

窮境に置かれて、真に、救いの光を求めているひとは多い。

本書が、伝記映像『手島郁郎の記録　幕屋の夜明け』とともに、世の悩み、苦しみ、悲しみのなかにあるひと、あるいは、神なくしては生きられないような情況に置かれているひとに、小さくとも、救いの光をもたらすものであれ、と私は祈ってやまない。

天よりの導きと支えをねがって、手島郁郎師に本書を捧げる。

＊＊＊

本書は、キリスト者をえがく、『地獄の虹　新垣三郎／死刑囚から牧師に』『虹の絆　ハワイ日系人　母の記録』など、連作ノンフィクションの第三作である。

私は、聖書の文語訳と口語訳をあえて統一せず、おりおりに読んだものを記した。文献などの引用では、出典のままにした。

取材に当たって、手島千代子氏、手島寛郎氏、長原眞氏をはじめキリスト聖書塾の皆さんに理解あるご協力をいただいた。

吉村騏一郎氏、光永俊介氏、藤岡弘之氏、竹下仁平氏、石川義信氏、土田能裕氏、神藤燿氏、財津正彌氏、新納敏生氏ほかの方々に、多くの資料の提供をねがい、取材でお世話になった。

プロデューサーの田島良郎氏には、出版の企画もアシストをねがった。

出版社・ミルトスの社長・河合一充氏、デザイナーの茂木美佐夫氏ほかの皆さんのご協力を得て、本書は世に出る。
ここにお名前を書きあげきれない、多くの方々のお力添えに対して、篤く感謝の意を表したい。

二〇〇八年七月吉日　光あれ、と希《ねが》って

毛利　恒之

## 主なる参考・引用文献


『わが師　手島郁郎』第一巻　吉村騏一郎著　キリスト聖書塾刊
『わが師　手島郁郎』第二巻・第三巻　土田能裕著　キリスト聖書塾刊
『聖霊の愛』手島郁郎著　キリスト聖書塾刊
『日本民族と原始福音』手島郁郎著　キリスト聖書塾刊
『地路歴程　手島郁郎日記』キリスト聖書塾刊
『四つ葉のクローバー』手島郁郎著　キリスト聖書塾刊
『聖書』（口語訳）日本聖書協会発行
『新約聖書』（文語訳）聖書協会聯盟
月刊誌『生命の光』（一九四八年・手島郁郎創刊）キリスト聖書塾発行
『原始福音の再興』―続・使徒行伝29章―　吉村騏一郎著　キリスト聖書塾刊
『熊本の空の下に』私と手島先生　上・下　編集委員会編　キリスト聖書塾刊
『吉井純男君の面影』吉井純男記念集編集委員編　手島郁郎文庫
『原始福音の証言』手島郁郎先生と共に十三年　臼井義麿著　近代文藝社
『思い出はふる星のように』武藤光麿著　自家本
『地獄の虹　新垣三郎／死刑囚から牧師に』毛利恒之著　毎日新聞社／講談社文庫


（注）手島郁郎の著作、月刊誌『生命の光』についての問合せは、キリスト聖書塾（〇三―三七〇五―一二一二）まで。

〈掲載写真・提供〉

- 著者撮影　はしがき、あとがき
- キリスト聖書塾　1頁（肖像）；2，3，4，5，6，7，8，9，12の各章
- 伝記映像『手島郁郎の記録　幕屋の夜明け』（制作・キリスト聖書塾）より　1，10，11の各章

● 著者紹介
毛利恒之（もうり　つねゆき）

作家。1933年、福岡県生まれ。熊本大学法文学部卒。NHK契約ライターを経て、日本放送作家協会常務理事、文部省社会教育審議会委員・専門委員などを歴任。日本ペンクラブ、日本脚本家連盟会員。

64年、テレビドラマ脚本『十八年目の召集』で第1回久保田万太郎賞を受賞。小説、ノンフィクション、ドラマ、ドキュメンタリーなど、戦争と戦後問題をテーマとする作品が多い。大戦末期の「特攻」の犠牲を伝える小説『月光の夏』は自らの企画・脚本で映画化。映画『月光の夏』（仲代達矢主演・神山征二郎監督、仕事製作、93年公開）は210万人を観客動員する大ヒット作となり、さらにテレビ放映でのべ千数百万人が視聴し感動をひろげた。オーディオドラマ『ヒロシマの黒い十字架』（文化庁芸術祭大賞）など受賞作品が数多い。2003年から『ピアノソナタ「月光」による朗読劇／月光の夏』（劇団東演）の公演が続く。

著書に、『月光の夏』（講談社文庫）、『青天の星』（光人社）、『ユキは十七歳特攻で死んだ』（ポプラ社）など。本書は、『地獄の虹　新垣三郎／死刑囚から牧師に』『虹の絆　ハワイ日系人 母の記録』（毎日新聞社、講談社文庫）など、キリスト者をえがく連作ノンフィクションの第3作である。


● JASRAC　出0809976-801
● 装幀　茂木美佐夫
● カバー写真　毛利恒之、キリスト聖書塾

恋ひ死なむ　殉愛のキリスト者 手島郁郎

2008年10月 1日 初版発行
2009年 5月20日 5刷発行

著者　毛利恒之
発行者　河合一充
発行所　株式会社 ミルトス

〒102-0073　東京都千代田区九段北1-10-5
九段桜ビル2F
TEL 03-3288-2200　FAX 03-3288-2225
振替口座　00140-0-134058
HP: http://myrtos.co.jp　✉pub@myrtos.co.jp

印刷・製本　三秀舎　Printed in Japan
ISBN 978-4-89586-031-4
定価はカバーに表示してあります。

## 日本とユダヤ　その友好の歴史

ベン・アミー・シロニー、河合一充　共著

日本とユダヤは民族の危機に助け合った美しい友好の歴史を持つ。Y・シフ、杉原千畝、樋口季一郎、小辻節三、内村鑑三などの偉業を顕彰。一五七五円

## アラブはなぜユダヤを嫌うのか

藤原和彦　著

アラブ人やイスラム教徒がユダヤ人を拒否する本当の理由がここに。イスラム教を少しでも知れば、今後の世界の動向を理解できるだろう。一四七〇円

## 聖書と自然と日本の心

池田　裕　著

聖書は決して遠い書ではない。そこには日本人だからわかる世界がある。自然を愛する著者が古代オリエントと日本の接点を語るエッセイ。一八九〇円

## バルセロナの宮廷にて

H・マコービイ　立花希一　訳

十三世紀のバルセロナにて、高名なユダヤ教ラビと改宗キリスト教徒の論戦が主題。中世キリスト教とユダヤ人の運命を戯曲風に描く傑作。一四七〇円

## ヘブライ語聖書対訳シリーズ

ミルトス・ヘブライ文化研究所　編

初学者でも旧約聖書原典のニュアンスを味わうことの出来るヘブライ語＝日本語逐語訳聖書。脚注も充実している。最新巻『列王記上Ⅰ』　二九四〇円

## 好評ロングセラー

イスラエルに見る聖書の世界 旧約聖書編

横山 匡 撮影
ミルトス 編

イスラエルを二年にわたって現地取材。二六〇点の写真とユダヤ人の伝承を綴り込んだユニークな解説文で旧約聖書の舞台を紹介する写真集。四二〇〇円

はじめてのヘブライ語

佐藤淳一 著

初心者向きヘブライ語入門書。文字の読み書きから始まり、イラストと楽しいストーリーで、ヘブライ語が身近になる。発音読み仮名付き。二四一五円

スンダル・シング著作集 I・II・III

S・シング 著
河合一充、廣岡結子 訳

最もキリストに似た人物と言われ全世界に巡回し多大の感化を与えたインドの聖者の著作集。その教えは単純にして深く霊的真理を開示。各二一〇〇円

テロリズムとはこう戦え

B・ネタニヤフ
高城恭子 訳

落合信彦・推薦「今日の世界の指導者の中でテロリズムと現場で戦った経験者はネタニヤフだけであろう。それだけに本書は説得力がある」一四七〇円

イスラエル・フィル誕生物語

牛山 剛 著

世界で五指に入るイスラエル・フィル。迫害を逃れた演奏家たちがいかに楽団を作ったか、様々なエピソードでそのユニークな誕生史を綴る。一五七五円

※価格はすべて税込です。